みんなナットク！傑作劇あそび特選集

自由現代社

はじめに

　何かの役になりきり、衣装を着て舞台に立ち、人前で演じる劇あそびは、子どもにとっては
とても刺激的で楽しい体験です。セリフや歌を覚え、保育者や友だちと協力しながら、またと
きにはぶつかり合いながらひとつの舞台を作り上げることは、大きな達成感や自信につながり、
大きな成長の機会にもなります。また、園生活の中でのかけがえのない思い出として、劇あそ
びの体験は、いつまでも子どもの心に刻まれることでしょう。

　また、親御さんにとっても、我が子が舞台で演じる姿を見ることは、子どもの成長を実感でき、
喜びをかみしめられる嬉しい瞬間です。

　本書は、「みんなナットク！傑作劇あそび特選集」として、子どもたち一人ひとりがみんな納
得できるようなお話をセレクトして、まとめました。グリム童話やイソップ物語をはじめ、海外、
国内の数ある名作童話や昔話などの中から、劇あそびにふさわしく、またそれぞれタッチの違
う著名な名作を幅広く取り上げ、劇あそび用に一部お話を作りかえたり省略したりして、子ども
たちが演じやすいようにアレンジしています。また、CDに収録された歌入りの曲や、ピアノ伴奏、
効果音などは、お遊戯会でそのままお使いいただけます。

　保育者の皆様や子どもたちの劇あそびの活動に、本書をお役立ていただければ幸いです。

井上 明美

CONTENTS

📖 誌面構成や各項目などについて

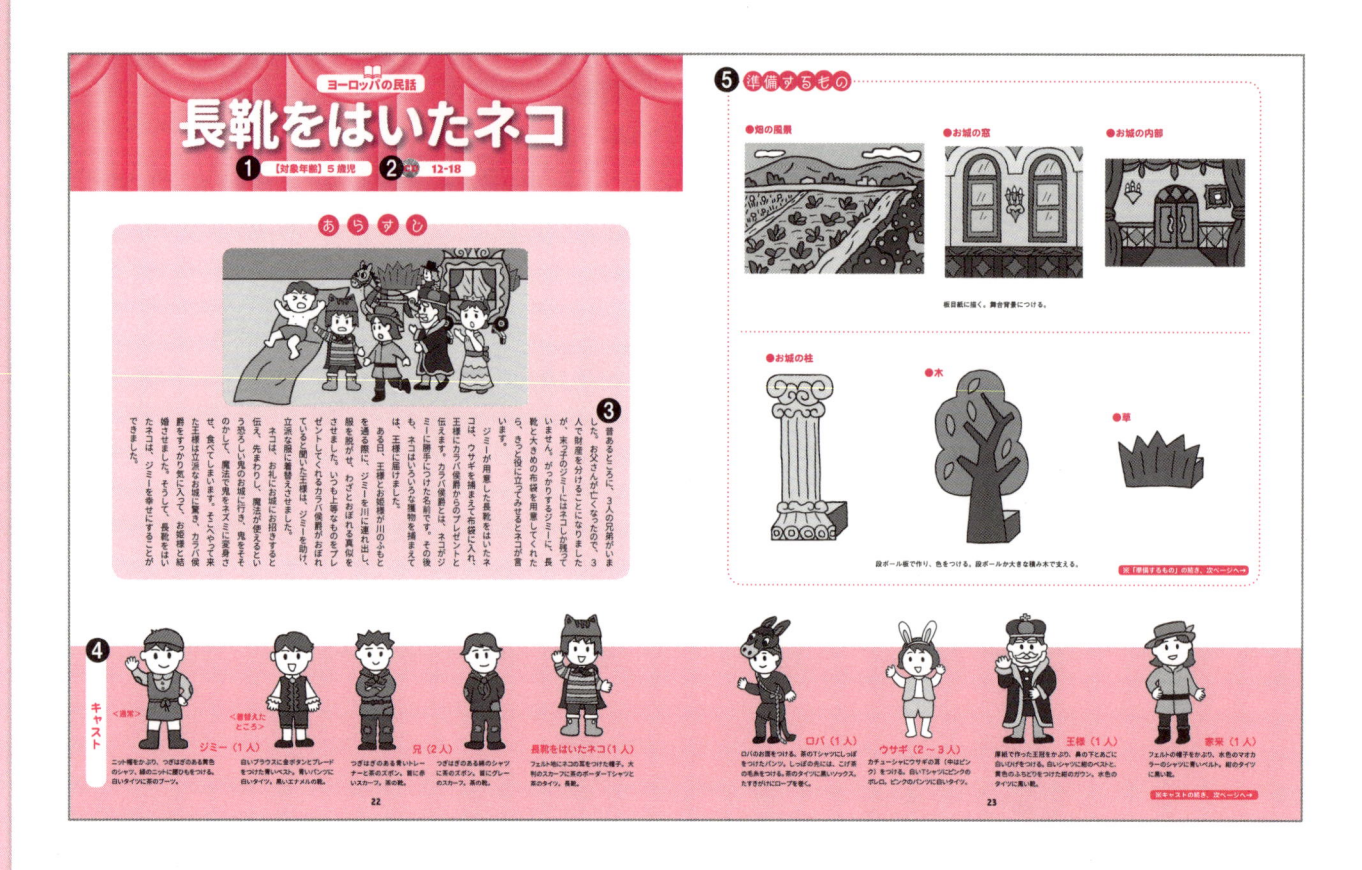

❶ 対象年齢

ここで示している対象年齢は、あくまでも目安です。これ以外の年齢でも、劇あそびが可能な場合がありますので、保育者の皆様がご判断ください。

❷ CDトラックナンバー

CDに収録された、各お話で使用する歌や効果音のトラックナンバーを記載しています。歌は、歌入りとカラオケのそれぞれのトラックがあります。なお、本番で使うトラックを、あらかじめ編集しておいてもいいでしょう。

❸ あらすじ

各ストーリーの概要を記載しています。シナリオをお読みいただく前にこちらをお目通しいただくと、お話の全体構成がわかりやすいでしょう。また、子どもたちがあまり知らないお話の場合は、まずこのあらすじを読んであげるといいでしょう。

❹ キャスト

人数は目安です。クラスの人数に合わせて、うまく調整してください。また、衣装イメージはあくまでも参考例ですので、これをヒントに保育者の皆様のアイディアで、ぜひオリジナルの衣装を作成してください。なお、お話によって、ナレーターが登場人物を兼ねる場合があります。

❺ 準備するもの

舞台上で使用する大道具や小道具などを紹介しています。これをヒントに、保育者の皆様がそれぞれアレンジして、オリジナルのものを作成してください。なお、背景画など、子どもたちでもできる部分は、ぜひ一緒に作成しましょう。そうすることで、劇あそびへの意識がいっそう高まるでしょう。
なお、舞台上に置く大道具などのことを「書き割り」と言います。

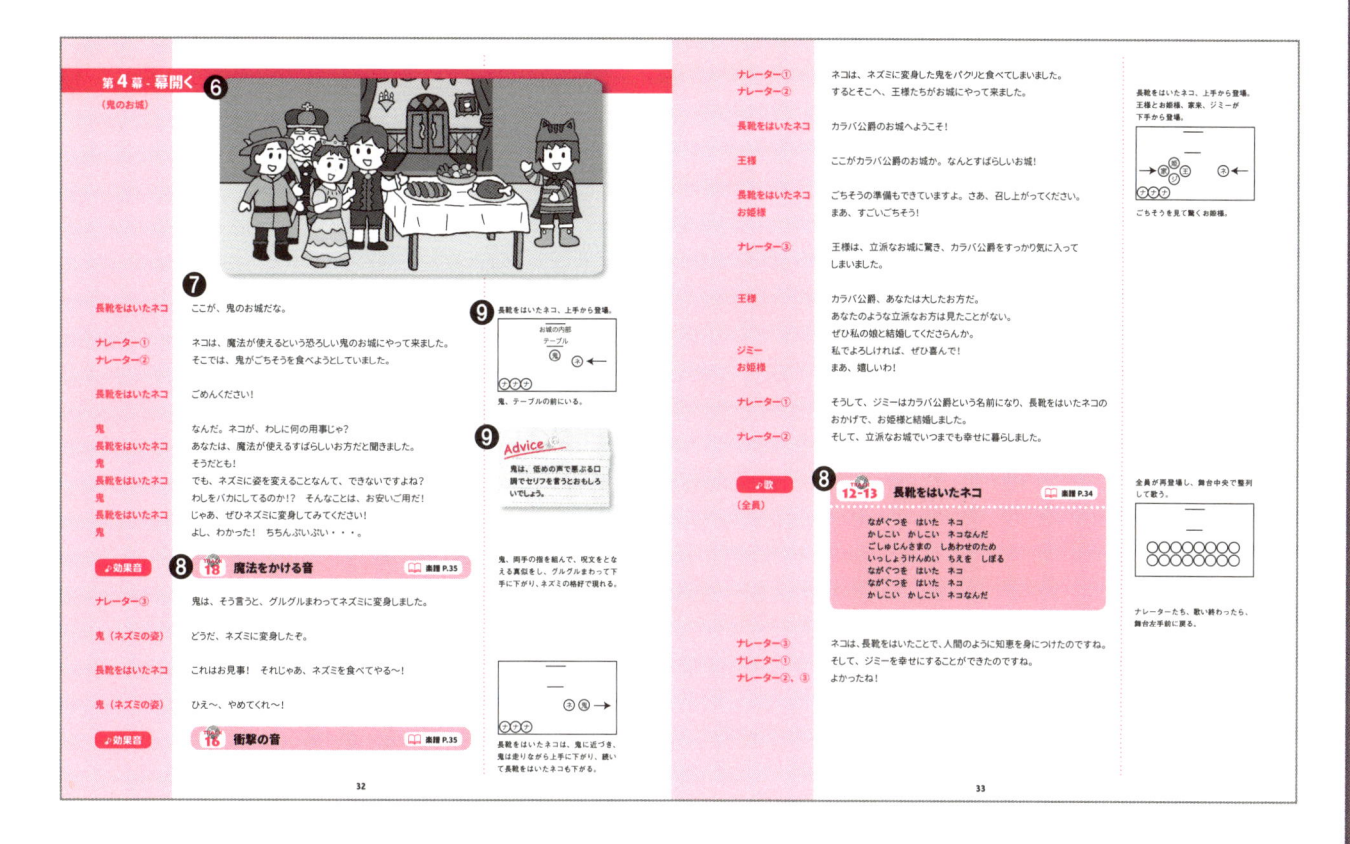

❻ 舞台イメージ

各幕ごとの舞台イメージをイラストで示しています。舞台全体のイメージや、演じる際の子どもの立ち位置、舞台上の書き割りの位置などの参考にしてください。

なお、客席から見て舞台右手を「上手（かみて）」、左手を「下手（しもて）」といいます。通常、上手から登場し、下手に下がる流れが基本になります。また、幕が閉じたときに、舞台と幕の間にできるスペースを「幕前」といいます。舞台セットを交換する間などは、幕前で演じて劇をつなげます。

❼ シナリオ

各登場人物のセリフは、極力短くしています。クラスの人数に合わせて、配役やセリフを分けたり、つなげたりしてください。また、各子どもの個性に合わせて、保育者の皆様が、臨機応変にセリフや言いまわしなどをアレンジしてください。

なお、劇全体の流れがわかるように、シナリオを拡大コピーし、漢字の部分にはルビ（読み仮名）をふって大きな台本を作り、子どもたちに見せるといいでしょう。

❽ 歌・効果音など

すべての歌の歌入りとピアノ伴奏（カラオケ）、そして効果音が、CDに収録されており、お遊戯会でそのままお使いいただけます。楽譜は各お話の最後に掲載してあります。本番では、実際に保育者の方がピアノを演奏しても、CDをかけても、どちらでもいいでしょう。また歌唱のトラックは、子どもたちが歌の練習をする際にも、お役立てください。

❾ 動き・アドバイスなど

各場面の舞台上の書き割りの位置や、登場人物の動きなどを図で示しています。○の中の文字は、登場人物の頭の文字を示しています（たとえば、長靴をはいたネコ＝ネ、盗賊＝と など）。また、各場面のポイントや、押さえておきたいことなどのアドバイス、劇あそびを上手く行うコツなども記載しています。

オズの魔法使い

【対象年齢】5歳児　　CD 01-11

あらすじ

アメリカのカンザスというところに、ドロシーという女の子と犬のトトが住んでいました。ある日、竜巻が起こり、家が遠く吹き飛ばされてしまいます。落ちた場所に、ドロシーのおかげで、東の悪い魔女が家の下敷きになって退治できたと告げます。カンザスに帰りたいと言うドロシーに、北の魔女は、エメラルドの都にいるオズの魔法使いにお願いすれば、帰り道を教えてくれると伝えます。

ドロシーは東の魔女がはいていた靴をはき、トトとともにエメラルドの都を目指します。途中に出会ったかかし、ブリキの木こり、ライオンたちとともにそれぞれの願いをかなえてもらうために進みます。都のオズの魔法使いに会うと、願いをかなえるには、西の悪い魔女を退治することが条件だと言われます。西の魔女は、ドロシーたちに水をかけられ、溶けてしまいます。

再びオズの魔法使いのところに行くと、かかしとブリキの木こり、ライオンたちは願いをかなえてもらえます。しかし、ドロシーたちがカンザスに帰る道はわからないと言われます。そこに現れた北の魔女からの助言で、ドロシーがはいている靴を3回地面に打って願いごとを言い、ドロシーたちは無事にカンザスに帰ることができました。

キャスト

ドロシー（1人）
白いブラウスに水色のジャンパースカート。三つ編みに黒いエナメルの靴。

トト（1人）
茶のニット帽にイヌの耳をつける。黒い鼻をつけ、茶のTシャツとしっぽをつけたパンツに茶のタイツ。お腹の部分はクリーム色。

北の魔女（1人）
モールに花をつけたカチューシャを髪につける。胸元にドレープのあるラメ入りオフホワイトのノースリーブドレスにゴールドの靴。

かかし（2〜4人）
緑のフェルト地の三角帽に赤い帯とつぎはぎをつける。つぎはぎのある大きめの緑のシャツに赤いリボンとベスト。茶のズボンにブーツ。

準備するもの

●ドロシーの家

段ボール板で作り、色をつける。ホワイトボードにつける。

●とうもろこし畑

段ボール板で作り、色をつける。
段ボールか大きな積み木で支える。

●木

●草

●お城

※「準備するもの」の続き、次ページへ→

ブリキの木こり（2～4人）
段ボールでよろいを作り、銀色にぬる。境目を糸でつなぎ、脇はひもでとめる。手におのを持ち、グレーの手袋に靴。

ライオン（2～4人）
こげ茶の毛糸をたくさんつけたニット帽に、ライオンの耳をつける。胸元に薄紫の布をたくさんつけたベージュのTシャツに、しっぽをつけたパンツ。しっぽの先にはこげ茶の毛糸をつける。ベージュの手袋につけ爪をつける。ベージュのタイツ。

オズの魔法使い（1人）
紫のフェルト地の三角帽に口とあごに白いひげをつける。緑のガウンに黄色の星型のアップリケをつける。ネックレスをつけ、手には星のついたステッキを持ち、黒い靴をはく。

※キャストの続き、次ページへ→

準備するもの

●おの

厚紙で作り、木の棒に貼る。

●かかしをしばる棒
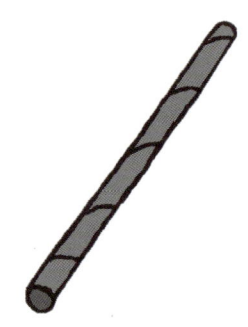
紙の棒を使用。

●やり
厚紙
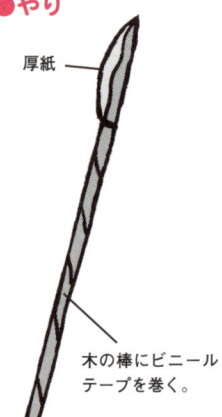
木の棒にビニールテープを巻く。

●ステッキ

アイロンビーズなどで星を作る。

厚紙で作り、色をぬる。

●東の魔女の靴
本物を使用。

シルバー（ラメ入り）

●油の入れもの
プラスチックの容器。

●ロープ

両方の先にマジックテープをつける。

●バケツ
本物を使用。

門番（2〜3人）
段ボールで作った赤い帽子。赤いTシャツに肩に黄色のふさをつけ、胸元に黄色いボタンをつける。黒いベルトに、黒いタイツとブーツ。手にやりを持つ。

西の魔女（1人）
黒いフェルト地の三角帽に緑の模様をつける。三角のつけ鼻をつけ、黒のベロアのマントにスカート。黒い靴。

ナレーター（3人）
紺のブレザーとパンツ。赤い蝶ネクタイ。白いハイソックスに黒い靴。

第1幕

（ドロシーの家）

ナレーター①	アメリカのカンザスというところに、ドロシーという女の子が住んでいました。
ナレーター②	犬のトトも一緒です。
ナレーター③	ふたりはとっても仲よしです。
ドロシー	今日は竜巻注意報が出ているみたい。しっかり戸締りしておかないとね。
トト	そうだワン！

♪効果音 | **03** 竜巻が近づく音 | 📖 楽譜 P.20

ドロシートト	わあ〜、竜巻が近づいてくるみたい。怖いよう！

♪効果音 | **04** 竜巻の音 | 📖 楽譜 P.20

ドロシー、トト	キャ〜！
ナレーター①	と、その瞬間、竜巻がドロシーの家を空高く吹き飛ばしてしまいました。

♪効果音 | **05** 竜巻が家を吹き飛ばす音 | 📖 楽譜 P.20

ドロシー、トト	キャ〜！！　助けて〜！！

舞台中央にドロシーとトトが立っている。

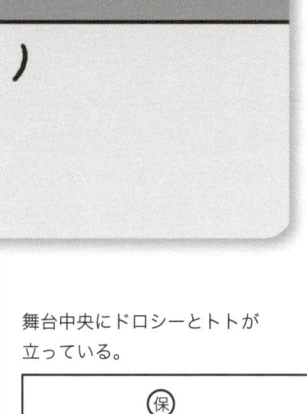

※ドロシーの家の後ろに、保育者が待機している。

手を取り合って怖がるドロシーとトト。

ドロシーの家の後ろで待機していた保育者が、後ろからホワイトボードを動かして、ドロシーの家を下手に下げる。
ドロシーとトトは、両手を上げてクルクルとまわりながら下手に下がる。

幕閉める

（幕　前）

ナレーター②	竜巻はドロシーの家を遠くへ遠くへ飛ばして、やがてドシーンと地面に落ちました。

 **♪効果音**　**06** **ドロシーの家が地面に落ちる音**　📖 楽譜 P.20

ナレーター③	ドロシーとトトは、外に飛び出しました。
ドロシー	ここはどこ？　まあ、お花がたくさん咲いていて、なんてきれいなところなんでしょう！
トト	きれいだワン！
ナレーター①	そこは、きれいなお花畑と、青空が広がっていました。
ナレーター②	すると、向こうから女の人がやって来ました。

♪効果音　**07** **北の魔女が現れる音**　📖 楽譜 P.20

北の魔女	はじめまして。私は北のよい魔女です。東の悪い魔女を退治してくれて、ありがとう。
ドロシー	東の悪い魔女？　退治なんて・・・。私は何もしていないわ。
トト	そうだワン！
北の魔女	いいえ、あなたの家が東の魔女の上に落ちて、つぶしたのですよ。
ドロシー	そうなんですか!?　それよりも、私、カンザスに帰りたいんです。お願いです。帰り道を教えてください！

ドロシーとトト、慌てたように下手から登場。

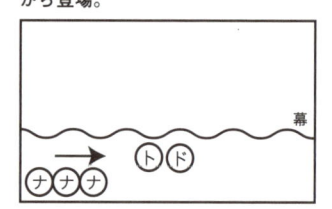

北の魔女、東の魔女の靴を手に持って、上手からゆっくり登場。

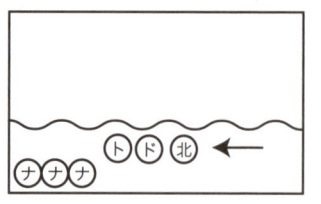

Advice①

北の魔女、高めの声で、ゆっくりとセリフを言いましょう。

北の魔女	それなら、エメラルドの都にいるオズの魔法使いにお願いすれば、きっと帰り道を教えてくれるでしょう。
ドロシー 北の魔女	オズの魔法使い？ ええ、そうよ。この黄色いレンガの道をずっと進めば、エメラルドの都に着きますよ。
ドロシー トト	わかったわ！ わかったワン！
北の魔女	あっ、東の魔女がはいていたこの靴をはいていくといいでしょう。これは、魔法の靴ですから、いつかきっと役に立ちますよ。
ドロシー！ トト	ありがとうございます！ ありがとワン！
ドロシー トト	じゃあ、トト、行きましょう！ オッケーワン！
ナレーター③	そうして、ドロシーたちは、オズの魔法使いがいるエメラルドの都を目指しました。

北の魔女、上手側の床を指さす。

北の魔女、手に持っていた靴を差し出し、ドロシーははいていた靴を脱いで手に持ち、その靴をはく。ドロシーとトト、上手に下がる。続いて、北の魔女も上手に下がる。

第2幕 - 幕開く

（畑のある林）

ナレーター①	ドロシーたちは、北の魔女に言われたように、黄色いレンガの道をたどっていきました。
ドロシー トト	ここは、とうもろこし畑ね。 おいしそうだワン！
かかし① かかし②	ちょっとそこのお嬢さん、お願いがあります！ 私たちの背中についている棒を取ってもらえませんか？

ドロシーとトト、上手から登場。かかしたちは、舞台右手で、棒にしばりつけられた状態（マジックテープでとめる）で立っている。

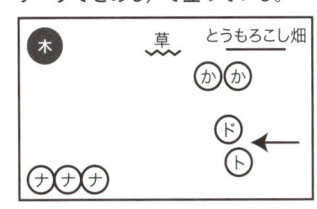

ドロシー	あら、かかしさんたち。棒を取るのね。お安いご用よ。

ドロシー、かかしたちをしばっていたロープを外す（マジックテープを外す）。

かかし①	ありがとう！　やっと自由になれた。助かりました！
かかし②	これから、どこへ行くの？
ドロシー	オズの魔法使いのところに行って、お願いを聞いてもらうの。
かかし①	じゃあ、ぼくたちも連れてってくれないかな？
かかし②	ぼくたちの頭はわらでできているから、脳みそがほしいんだ。
ドロシー	そうなのね。じゃあ、オズの魔法使いにお願いするといいわ。
	それじゃあ、一緒に行きましょう！
トト	行こうワン！
かかし全員	行こう、行こう！

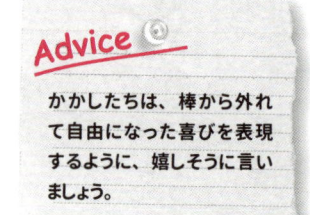

Advice

かかしたちは、棒から外れて自由になった喜びを表現するように、嬉しそうに言いましょう。

かかしたち、片手をふり上げながらセリフを言う。

ナレーター②	そうして、ドロシーたちは、かかしたちと一緒にエメラルドの都に向かうことにしました。
ナレーター③	すると、向こうからブリキの木こりたちがやって来ました。

ブリキの木こりたち、手におのを持ち、ロボットのような歩き方で、ゆっくりと下手から登場。

♪効果音 **TRACK 08 ブリキの木こりたちが現れる音** 📖 **楽譜 P.21**

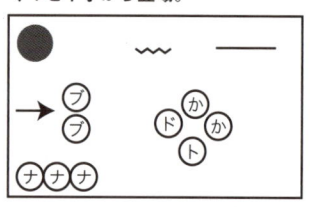

ブリキの木こり①	ちょっとそこのお嬢さん、お願いがあります！
ブリキの木こり②	私たちは、体中がさびて、動きづらいんです。
	どうか、私たちの体に油をさしてくださいませんか。
ドロシー	それはかわいそうに。油を探してくるわ。ちょっと待っててね。
	油、油っと・・・。

ドロシー、油を探すように歩きまわり、畑のところにあらかじめ置いてあった油を持ってくる。

ドロシー	あったわ！　えいっ！　えいっ！

油をブリキの木こりたちの体にさす真似をする。

ナレーター①	ドロシーは、ブリキの木こりたちに油をさしてあげました。
ブリキの木こり①	ああ、動きやすくなった。ありがとう！
ブリキの木こり②	あなたは親切ですね。
ブリキの木こり①	ぼくたちには心臓がないから、親切にする心がないんだ。
ブリキの木こり②	親切にできる心臓がほしいなあ。
ドロシー	じゃあ、私たちと一緒に、オズの魔法使いのところに行って、
	心臓をもらうようにお願いするといいわ。
トト	そうだワン！
ブリキの木こり全員	行こう、行こう！

ブリキの木こりたち、体を自由に動かして、喜ぶ。

ブリキの木こりたち、片手をふり上げながらセリフを言う。

ナレーター②	そうして、ブリキの木こりたちも一緒に、エメラルドの都に向かうことにしました。

ナレーター③	すると、向こうからライオンたちがやって来ました。

📖 楽譜 P.21

09 ライオンたちが現れる音

ライオンたち、上手から登場し、トトに近づく。

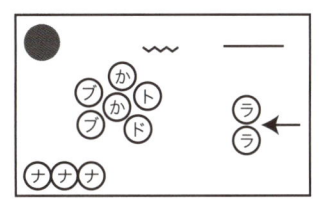

ライオン①	ガオー！
ライオン②	あっ、イヌがいるぞ！　襲いかかってやる！
ドロシー	待ちなさい！　弱い者をいじめるなんて、ひどいわ！
ナレーター①	ドロシーは、そう言うと、ライオンたちのほおをたたきました。

ドロシー、ライオンたちのほおをたたく真似をする。

ライオン①	わあ、ほっぺをたたかれた。痛いよう！
ライオン②	エーン、エーン・・・。

ライオンたち、泣く真似をする。

Advice
ライオンたちは、情けなさそうに泣く真似をするとおもしろいでしょう。

ドロシー	ライオンのくせに、どうしてそんなに弱虫なの？
ライオン①	ぼくたちは、本当は弱虫なんだ。
ライオン②	だから、いつもほえて強いふりをしているだけなんだ。
ライオン①	もっと強い勇気がほしいなあ。
ライオン②	どうしたらいいんだろう？
ドロシー	じゃあ、私たちと一緒に、オズの魔法使いのところに行って、勇気をもらうようにお願いするといいわ。
トト	そうだワン！
ライオン全員	行こう、行こう！

ライオンたち、片手をふり上げながらセリフを言う。

♪歌
（ドロシー、トト、かかし、ブリキの木こり、ライオン全員）

01-02 オズの魔法使い

📖 楽譜 P.19

みんなで　いこう
オズの　まほうつかいが　いる
エメラルドの　みやこ　エメラルドの　みやこ
オズの　まほうつかいに　あって　おねがいしよう
みんなの　のぞみを　きっと
かなえてもらおう　かなえてもらおう

ドロシー、トト、かかし、ブリキの木こり、ライオンたちが舞台中央にバラバラに立って歌う。

ドロシー	じゃあ、行きましょう！
ナレーター②	そうして、ライオンたちも一緒に、エメラルドの都に向かうことにしました。

ドロシー、トト、かかし、ブリキの木こり、ライオンたち、下手に下がる。

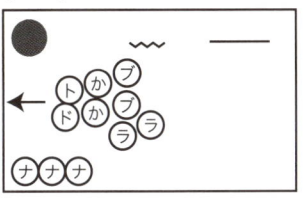

幕閉める

（幕　前）

ナレーター③	ドロシーたちは、黄色いレンガの道を何日も歩き続けました。
ドロシー	あっ、向こうにエメラルドの都が見えてきたわ！
トト	見えてきたワン！
かかし①	本当だ！　エメラルド色に輝いている！
かかし②	きれいだなあ。
ブリキの木こり①	あそこに、オズの魔法使いがいるんだね。
ブリキの木こり②	もうすぐ、ぼくらの願いをかなえてもらえるぞ。
ライオン①	ワクワクするね！
ライオン②	楽しみだ！
ドロシー	さあ、急ぎましょう！

ドロシー、トト、かかし、ブリキの木こり、ライオンたち、下手から登場し、ドロシーが客席の方を指さす。

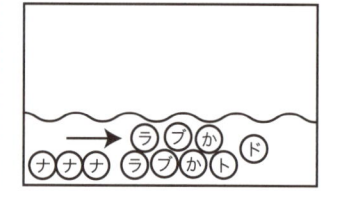

ドロシー、トト、かかし、ブリキの木こり、ライオンたち、急ぎ足で上手に下がる。

第3幕 - 幕開く

（オズの魔法使いの城）

ナレーター①	そして、ついにドロシーたちは、エメラルドの都に着きました。
ドロシー	あっ、あそこがオズの魔法使いのお城ね。 行ってみましょう!
ドロシー	こんにちは。オズの魔法使いさんは、いますか?
門番①	これは、何の用かね?
ドロシー	私たちのお願いをかなえてもらうために、やって来ました。 オズの魔法使いさんに会わせてください!
門番②	少しお待ちください。
ナレーター②	すると、オズの魔法使いがお城から出てきました。
オズの魔法使い	私に何かお願いがあるそうだね。
ドロシー	はい、カンザスに帰る道を教えてください!
トト	教えてワン!
かかし①	ぼくたちには、脳みそをください!
かかし②	お願いします!
ブリキの木こり①	ぼくたちには、心臓をください!
ブリキの木こり②	お願いします!
ライオン①	ぼくたちには、勇気をください!
ライオン②	お願いします!
オズの魔法使い	よし、わかった。みんなの願いをかなえてあげよう。 ただし、西の悪い魔女を退治することが条件だ。
ドロシー	西の魔女?
オズの魔法使い	そうだ、西の魔女を退治できたら、またここに来るがいい。
ナレーター③	オズの魔法使いは、そう言うとお城の中に戻って行きました。
かかし①	西の魔女なんて、どこにいるんだろう?
かかし②	退治なんて、できるのかなあ・・・。
ドロシー	とにかく、西の魔女を探しに行きましょう。
ナレーター①	その様子を、こっそり西の魔女が見ていました。
西の魔女	私を退治するですって? できるわけがないでしょ。アハハ・・・。 それよりも、あの娘が東の魔女の靴をはいているのね。 何でも願いがかなうというあの靴を、何としても奪ってやる!

ドロシー、トト、かかし、ブリキの木こり、ライオンたち、上手から登場し、お城に近づく。
お城の前には門番が立っている。

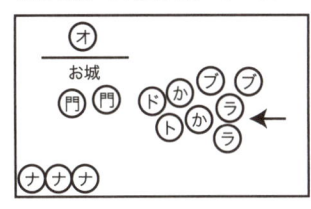

門番たち、お城の書き割りの後ろに下がり、あらかじめ後ろに隠れていたオズの魔法使いとともにお城の前に現れる。

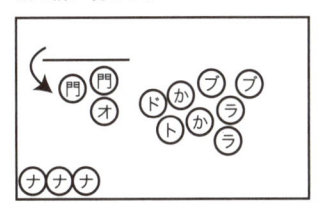

かかし、ブリキの木こり、ライオンたちは、手を合わせてお願いする。

Advice

オズの魔法使いは、少し低めの声で、偉そうにセリフを言いましょう。

オズの魔法使い、お城の書き割りの後ろに下がる。

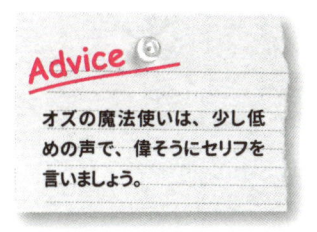

ドロシーたち、下手に下がる。

西の魔女が舞台右手前から、ドロシーたちの様子を見ている。

ドロシー　　西の魔女は、どこにいるのかしら？

ドロシー、トト、かかし、ブリキの
木こり、ライオンたち、下手から登場。

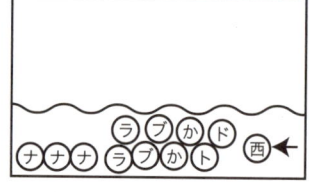

ナレーター②　ドロシーたちは、西の魔女を探して、歩きまわりました。
ナレーター③　するとそこへ、西の魔女が現れました。

♪効果音

TRACK 10　西の魔女が現れる音　　📖 楽譜 P.21

西の魔女、上手から登場。

西の魔女　　私のことをお探しかい？

ブリキの木こり①　お前が、西の魔女か？
西の魔女　　そうさ、ワッハッハ・・・。
ブリキの木こり②　やっつけてやる！
西の魔女　　そうはいかないさ、えいっ！

西の魔女が両手をふりかざす真似を
する。
ドロシーたち、両手を上げて、後ろ
に吹き飛ばされる真似をする。

ドロシー、トト、かかし、
ブリキの木こり、
ライオンたち全員　　わあ～！

西の魔女　　さあ、お嬢さん、お前がはいている靴をもらうよ。

西の魔女、ドロシーに近づいて、
靴を脱がせようとする。

ドロシー　　何をするの！　やめてよ！
トト　　　　やめろワン！

ライオン①　水でもかけてやれ！
ドロシー　　水でもかぶって、少し目を覚ましたら！
　　　　　　えいっ！

ライオン①が下手に下がり、バケツ
を手にして再び登場し、ドロシーに
バケツを渡す。ドロシーは、西の魔
女に水をかける真似をする。

西の魔女　　な、何をする！　ひえ～！
　　　　　　私は、水に溶けてしまうんだよ～！

西の魔女、クルクルとまわりながら、
上手に下がる。

ナレーター①	そうです。西の魔女の弱点は、水だったのです。
ナレーター②	西の魔女は、水に溶けてなくなってしまいました。
ライオン②	やったー！　西の魔女を退治したぞ。
ドロシー、トト、かかし、ブリキの木こり、ライオンたち全員	やった、やったー！
ドロシー	これで、オズの魔法使いにお願いを聞いてもらえるわね。 じゃあ、またお城に行きましょう！

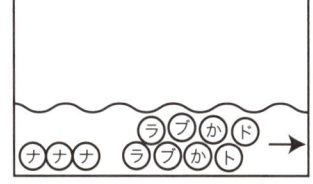

ドロシー、トト、かかし、ブリキの木こり、ライオンたち、上手に下がる。

第4幕 - 幕開く

（オズの魔法使いの城）

ドロシー	こんにちは。オズの魔法使いさんは、いますか？
門番①	きみたちは、この間の・・・。今日は、何の用かね？
ドロシー	西の魔女を退治したので、オズの魔法使いさんに会わせてください！
門番②	少しお待ちください。
オズの魔法使い	西の魔女を退治したというのは、本当か？
ドロシー	はい、本当です！
かかし①	だから、ぼくたちの願いをかなえてください！
オズの魔法使い	かかしには脳みそ、ブリキの木こりには心臓、ライオンには勇気だな。 よーし、魔法をかけるぞ、え〜い！
かかし、ブリキの木こり、ライオンたち全員	わーい、ありがとうございます！

ドロシー、トト、かかし、ブリキの木こり、ライオンたち、上手から登場し、お城に近づく。お城の前には門番が立っている。

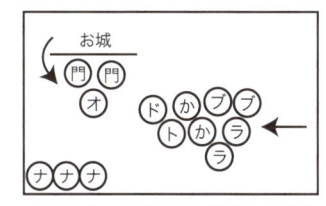

門番たち、お城の書き割りの後ろに下がり、あらかじめ後ろに隠れていたオズの魔法使いとともにお城の前に現れる。
オズの魔法使い、手に持っていたステッキをふりかざす真似をする。

オズの魔法使い	ただし、実はカンザスに帰る道は、私にはわからん。 その願いだけは、かなえられないのだ。
ドロシー	そ、そんな・・・。

♪効果音

🎵TRACK 11 衝撃の音　　📖 楽譜 P.21

オズの魔法使い	悪いが、許してくれ。
ナレーター③	オズの魔法使いは、そう言うとお城に戻ってしまいました。
ドロシー	どうしよう・・・。
ナレーター①	ドロシーががっかりしていると、いつかの北の魔女が現れました。
北の魔女	がっかりすることはないわ。 あなたがはいているその靴は魔法の靴です。その靴を3回地面に打って、願いごとを言えば、きっとカンザスに帰れますよ。
ドロシー	本当!?　じゃあ、やってみるわ。 「私とトトをカンザスに帰してください!」
ナレーター②	すると、ドロシーとトトは自然と足が動き出し、宙を舞って飛んで行きました。
ドロシー、トト	わあ〜!　これで、帰れるのね!
ナレーター③ ナレーター①	そして、ドロシーたちは、無事にカンザスに帰ることができたようですよ。 よかったね!

オズの魔法使い、お城の書き割りの後ろに下がる。

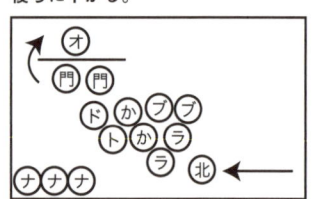

北の魔女、上手から登場し、ドロシーたちに近づく。

ドロシー、床に3回靴を打った後に、願いごとを言う。

ドロシー、トトと手をつなぎ、フワフワと舞う真似をしてつま先で動きながら下手に下がる。

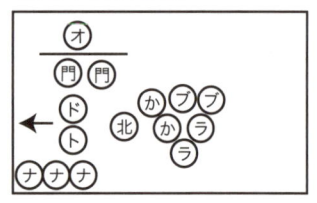

♪歌
（全員）

🎵TRACK 01-02 オズの魔法使い　　📖 楽譜 P.19

みんなで　いこう
オズの　まほうつかいが　いる
エメラルドの　みやこ　エメラルドの　みやこ
オズの　まほうつかいに　あって　おねがいしよう
みんなの　のぞみを　きっと
かなえてもらおう　かなえてもらおう

全員が再登場し、舞台中央で整列して歌う。

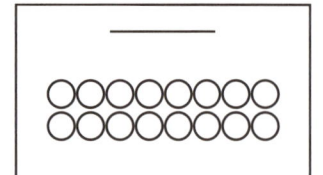

ナレーター② ナレーター③	これで、「オズの魔法使い」のお話は、 おしまい。

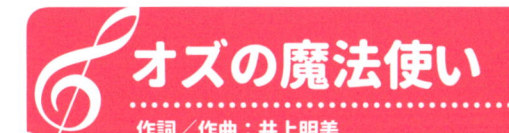

オズの魔法使い

作詞／作曲：井上明美

TR.01：歌入り
TR.02：カラオケ

TR. 03　竜巻が近づく音

TR. 04　竜巻の音

TR. 05　竜巻が家を吹き飛ばす音

TR. 06　ドロシーの家が地面に落ちる音

TR. 07　北の魔女が現れる音

⊚ TR. 08 ブリキの木こりたちが現れる音

⊚ TR. 09 ライオンたちが現れる音

⊚ TR. 10 西の魔女が現れる音

⊚ TR. 11 衝撃の音

長靴をはいたネコ

【対象年齢】5歳児　CD 12-18

あらすじ

昔あるところに、3人の兄弟がいました。お父さんが亡くなったので、3人で財産を分けることになりましたが、末っ子のジミーにはネコしか残っていません。がっかりするジミーに、長靴と大きめの布袋を用意してくれたら、きっと役に立ってみせるとネコが言います。

ジミーが用意した長靴をはいたネコは、ウサギを捕まえて布袋に入れ、王様にカラバ侯爵からのプレゼントと伝えます。カラバ侯爵とは、ネコがジミーに勝手につけた名前です。その後も、ネコはいろいろな獲物を捕まえては、王様に届けました。

ある日、王様とお姫様が川のふもとを通る際に、ジミーを川に連れ出し、服を脱がせ、わざとおぼれる真似をさせ、いつも上等なものをプレゼントしてくれるカラバ侯爵がおぼれていると聞いた王様は、ジミーを助け、立派な服に着替えさせました。

ネコは、お礼に先まわりし、魔法が使えるという恐ろしい鬼のお城に行き、鬼をそそのかして、魔法で鬼をネズミに変身させ、食べてしまいます。そこへやって来た王様は立派なお城に驚き、カラバ侯爵をすっかり気に入って、お姫様と結婚させました。そうして、長靴をはいたネコは、ジミーを幸せにすることができました。

キャスト

ジミー（1人）

＜通常＞

ニット帽をかぶり、つぎはぎのある黄色のシャツ、緑のニットに腰ひもをつける。白いタイツに茶のブーツ。

＜着替えたところ＞

白いブラウスに金ボタンとブレードをつけた青いベスト。青いパンツに白いタイツ。黒いエナメルの靴。

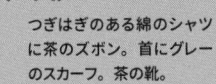

兄（2人）

つぎはぎのある青いトレーナーと茶のズボン。首に赤いスカーフ。茶の靴。

つぎはぎのある綿のシャツに茶のズボン。首にグレーのスカーフ。茶の靴。

長靴をはいたネコ（1人）

フェルト地にネコの耳をつけた帽子。大判のスカーフに茶のボーダーTシャツと茶のタイツ。長靴。

●畑の風景

●お城の窓

●お城の内部

板目紙に描く。舞台背景につける。

●お城の柱

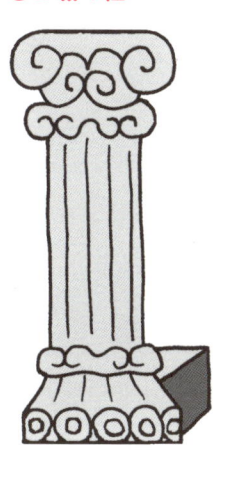

●木

●草

段ボール板で作り、色をつける。段ボールか大きな積み木で支える。

※「準備するもの」の続き、次ページへ→

ロバ（1人）
ロバのお面をつける。茶のTシャツにしっぽをつけたパンツ。しっぽの先には、こげ茶の毛糸をつける。茶のタイツに黒いソックス。たすきがけにロープを巻く。

ウサギ（2〜3人）
カチューシャにウサギの耳（中はピンク）をつける。白いTシャツにピンクのボレロ。ピンクのパンツに白いタイツ。

王様（1人）
厚紙で作った王冠をかぶり、鼻の下とあごに白いひげをつける。白いシャツに紺のベストと、黄色のふちどりをつけた紺のガウン。水色のタイツに黒い靴。

家来（1人）
フェルトの帽子をかぶり、水色のマオカラーのシャツに青いベルト。紺のタイツに黒い靴。

※キャストの続き、次ページへ→

準備するもの

●長靴

●布袋

本物を使用。

●ウサギのぬいぐるみ

●魚

綿をつめる。

フェルトで作る。

●馬車

段ボール板で作り、色をつける。ホワイトボードにつける。

●川

青いビニールシートをつなげる。

●テーブル

白いテーブルクロスをかける。

●着替え

キャストと同じ衣装。

●くわ
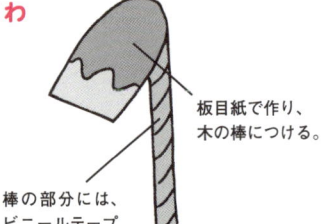

板目紙で作り、木の棒につける。

棒の部分には、ビニールテープを巻く。

●ごちそう

フェルトや画用紙で作る。

お姫様（1人）
髪におもちゃのティアラをつける。サテン地のピンクのドレスに、腰に濃いピンクのリボン。エナメルの靴。

村人（2〜5人）
麦わら帽子に大きめの茶のTシャツ。首にスカーフ。青いベストとつぎはぎのあるパンツ。茶の靴。手にくわを持つ。

<通常>　<ネズミの姿>

鬼（1人）
厚紙で作ったヘアバンドに黒い毛糸の髪をつける。黒いまゆとひげ、歯にキバをつける。チャイナ服にグレーのパンツ。先のとがった靴。

ネズミのお面をつける。グレーのTシャツにパンツ。フェルトのしっぽにグレーのタイツ。

ナレーター（3人）
紺のブレザーとパンツ。赤い蝶ネクタイ。白いハイソックスに黒い靴。

第1幕

（畑のある場所）

舞台中央に、兄①、②とジミー、ロバ、ネコが立っている。
ネコは長靴をはいていない状態。

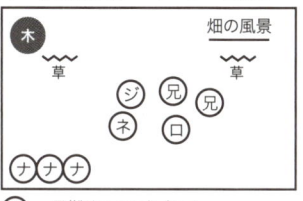

㊚＝長靴をはいたネコ
兄①、畑の風景を指さす。
兄②、ロバのロープを持つ。

登場人物	セリフ
ナレーター①	昔あるところに、3人の兄弟がいました。
ナレーター②	お父さんが亡くなったので、3人で財産を分けることになりました。
ナレーター③	財産といっても、貧乏なお父さんには、小さな畑とロバとネコしか残っていませんでした。
兄①	おれは長男だから、一番欲しいものをもらうぞ。あの畑をもらうことにする。
兄②	じゃあおれは、ロバをもらおう。
ジミー	えっ、じゃあぼくにはネコってこと？
兄①	そういうことだ。
兄②	何か文句があるか？
ジミー	いえ、別に・・・。
ナレーター①	上のお兄さんたちはいつもいばっていて、末っ子のジミーは、いつも、お兄さんたちの言いなりでした。
兄①	さて、じゃあ畑を耕してくるとするか。
ロバ	あの・・・、お腹が空いたよ。
兄②	よしよし、じゃあ、ロバにエサをやるとするか。
ナレーター②	お兄さんたちは、そう言うと、行ってしまいました。
ジミー	ハア〜、ぼくにはネコか・・・。ネコなんて何の役にも立たないよ。

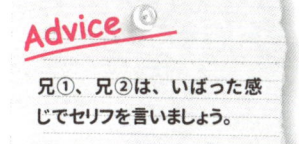

Advice

兄①、兄②は、いばった感じでセリフを言いましょう。

兄①と、ロバのロープを引いた兄②、上手に下がる。

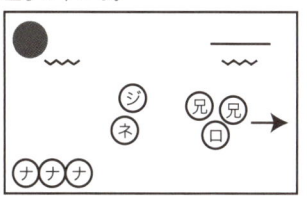

♪効果音　 **14** **がっかりする音**　📖  **楽譜 P.35**

長靴をはいたネコ	あのさ、そんなにがっかりしないでよ。私だって、お役に立てますよ。
ナレーター③	ジミーががっかりしていると、ネコがしゃべり出しました。
ジミー	ネコのきみが、どんな役に立つって言うのかい？
長靴をはいたネコ	私に、長靴と大きめの布袋を用意してください。
	そうしたらきっと、役に立ってみせますよ。
ジミー	ほんと!?　じゃあ、持ってくるから、ちょっと待ってて。

ジミー、上手に下がる。

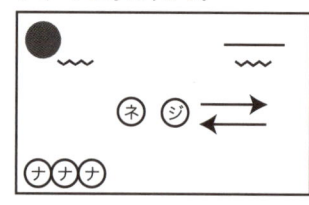

ジミー、長靴と布袋を手に持って
上手から登場。ネコは長靴をはく。

ナレーター①	ジミーは、そう言うと家に帰って、長靴と布袋を取ってきました。
ジミー	はい、持ってきたよ。これでいい？
長靴をはいたネコ	ありがとうございます、ご主人様！
	今日から私は、長靴をはいたネコです。

ジミー、長靴をはいたネコは舞台
中央にバラバラに立ち、ナレーター
たちは舞台左手前で歌う。

♪歌
（長靴をはいた
ネコ、ジミー、
ナレーター全員）

 12-13　長靴をはいたネコ　📖 楽譜 P.34

> ながぐつを　はいた　ネコ
> かしこい　かしこい　ネコなんだ
> ごしゅじんさまの　しあわせのため
> いっしょうけんめい　ちえを　しぼる
> ながぐつを　はいた　ネコ
> ながぐつを　はいた　ネコ
> かしこい　かしこい　ネコなんだ

ナレーター②	そこへ、ウサギたちがやって来ました。
ウサギ①	今日は、この辺で草を食べない？
ウサギ②	そうしましょう！
ウサギ①	モグモグ・・・。おいしいね！
ウサギ②	うん、おいしい！
長靴をはいたネコ	ようし、まずは、あの獲物をねらうとするか。ウサギを捕まえるぞ！
ウサギ①、②	キャー！

ウサギたち、下手から登場し、草の
あるところに近づいて、食べる真似
をする。

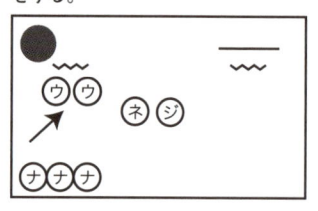

長靴をはいたネコはウサギたちを
追いかけ、ウサギたちは走って逃
げながら、ステージを一周して下
手に下がる。続いて長靴をはいた
ネコも下がる。

♪効果音

 15　ウサギたちが逃げる音　📖 楽譜 P.35

長靴をはいたネコ	こら、待て〜！

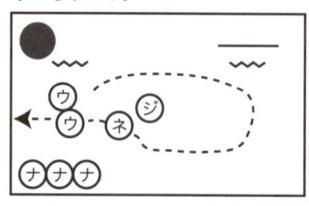

幕閉める

（幕　前）

長靴をはいたネコ	さっきのウサギは逃したけど、子ウサギを捕まえたぞ。 丸々と太っていて、肉も柔らかそうだし、きっとうまいだろうな。
ナレーター③ **ナレーター①**	ネコといえば、普通はネズミを追いかけるものですよね。 どうしてあのネコは、ウサギなんかを捕まえたのでしょうね。
長靴をはいたネコ	このウサギを王様のところに届けよう。
ナレーター② **ナレーター③**	どうやら、王様にウサギをプレゼントするようですね。 どうしてでしょうね・・・。

長靴をはいたネコ、ウサギのぬいぐるみを布袋に入れて持ち、下手から登場。布袋からぬいぐるみを取り出す。

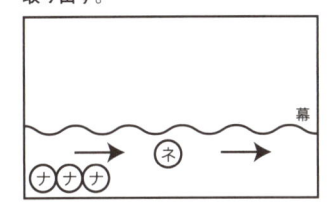

長靴をはいたネコ、ぬいぐるみを布袋に入れ、上手に下がる。

第2幕 - 幕開く

（王様のお城）

ナレーター①	ネコは、王様がいるお城にやって来ました。
長靴をはいたネコ	ごめんください！　王様はいますか？

舞台中央に、家来が立っている。
長靴をはいたネコ、上手から登場。

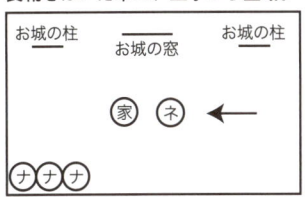

家来	王様に何かご用ですか？
長靴をはいたネコ	はい、王様のために特別なプレゼントを届けに来ました。
家来	では、お呼びいたします。
ナレーター②	すると、そこへ王様が家来とともにやって来ました。
王様	私にプレゼントとは、いったい何かね？
長靴をはいたネコ	こちらでございます。カラバ公爵からの贈り物です。
王様	おう、これは上等なウサギ！
	はて、カラバ公爵とは、どなたかね？
長靴をはいたネコ	私がいるお城のご主人様でございます。
王様	それは、それは。よくお礼を伝えてくれたまえ。
長靴をはいたネコ	承知いたしました。
ナレーター③	カラバ公爵というのは、ネコが飼い主のジミーに勝手につけた名前でした。

家来、下手に下がり、王様とともに再び登場。

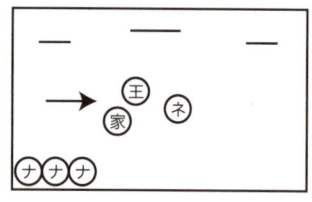

長靴をはいたネコ、布袋の中からウサギのぬいぐるみを取り出し、王様に差し出し、王様が受け取る。

Advice

王様は、低めの声でゆったりとした口調でセリフを言いましょう。

幕閉める

（幕　前）

長靴をはいたネコ	今日は、大きな魚を捕まえたぞ。これを王様に持って行こう！
ナレーター①	ネコは、いろいろな獲物を捕まえては、王様に届けました。
ナレーター②	それは、王様にカラバ公爵という名前を覚えてもらうためでした。
長靴をはいたネコ	王様、きっとまた喜んでくれるだろうな。
ナレーター③	ネコは、そう言うと、魚を王様に届けました。

長靴をはいたネコ、魚を布袋に入れて持ち、下手から登場。布袋から魚を取り出す。

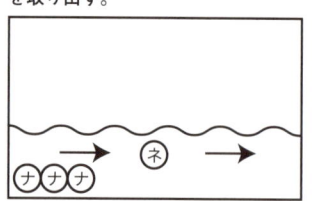

長靴をはいたネコ、魚を袋に入れ、上手に下がる。

（川のある場所）

ナレーター①	そんなある日のことです。
ナレーター②	王様とお姫様が川のふもとを通るといううわさを聞いたネコは、 ジミーを川に連れ出しました。
ジミー	こんなところにぼくを呼び出して、何をするの？
長靴をはいたネコ	いいですか。これから私の言うことをよく聞いてくださいね。
ジミー	何だい？
長靴をはいたネコ	服を脱いで川に入ってください。 そして、王様たちが通りかかったら、おぼれている真似をしてください。
ジミー	そんなの、嫌だよ。
長靴をはいたネコ	すべては、ご主人様の幸せのためなのですよ。 私の言うことを聞いてください。
ジミー	わ、わかったよ・・・。
ナレーター③	ジミーが川に入ると、ネコはジミーの着ていた服をどこかに隠して しまいました。
ナレーター①	そこへ、馬車に乗った王様たちが通りかかりました。
ジミー	た、助けて〜！
長靴をはいたネコ	た、大変です！　カラバ侯爵がおぼれそうです！ 服は、誰かに盗まれてしまいました！

長靴をはいたネコとジミー、上手から登場。

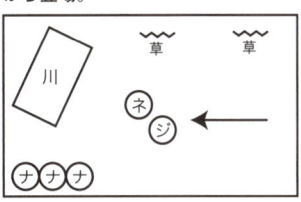

ジミー、服を脱いで川に入る。
長靴をはいたネコは、ジミーが脱いだ服を草の陰に隠す。

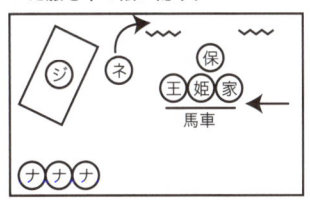

馬車に乗った王様とお姫様、家来が上手から登場。
馬車は、後ろに隠れている保育者が動かす。
ジミー、両手を上げて、おぼれる真似をする。

♪効果音　**TRACK 16 衝撃の音**　📖 **楽譜 P.35**

王様	おう、それは大変じゃ！ カラバ公爵といえば、いつも上等なものを プレゼントしてくれるお方。なんとか助けねば！

家来	私がお助けします!	王様、お姫様、家来は、馬車から出て、ジミーの近くに行く。
ナレーター②	家来は、そう言うと川に入り、ジミーを助け出しました。	家来は川に入り、ジミーの手を引いて助ける真似をし、川から出る。
ジミー	ああ、助かった! ご親切にありがとう!	
王様	これは、これは、よかった! 馬車に私の着替えがあるから、それを差し上げよう。	家来、馬車の後ろに行き、あらかじめ馬車の後ろで保育者が持ってた着替えの服を持ち、ジミーに渡す。ジミーはそれを着る。
ナレーター③	家来が馬車から王様の立派な着替えを持ってくると、ジミーはそれを着ました。	
ナレーター①	すると、見違えるほどかっこよく、本当の公爵のように見えました。	

♪効果音

TRACK 17 驚きの音 　📖 楽譜 P.35

お姫様	まあ、なんて素敵なお方・・・。	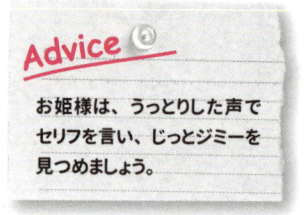
ナレーター②	お姫様は、すっかりジミーに一目ぼれしてしまいました。	Advice ⓒ お姫様は、うっとりした声でセリフを言い、じっとジミーを見つめましょう。
長靴をはいたネコ	王様、本当にありがとうございました! お礼に、カラバ公爵のお城へお招きいたしましょう。	
王様	それは嬉しい。	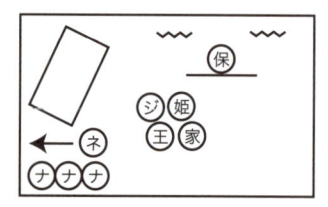
長靴をはいたネコ	では、私は一足先にお城へ戻って、ごちそうの準備をしてまいります。	
ナレーター③	ネコは、お城の場所を王様に伝えると、走って行きました。	長靴をはいたネコ、急ぎ足で下手に下がる。

幕閉める

（幕　前）

ナレーター①	カラバ公爵のお城なんて、本当はないのに、ネコは一体 どうするのでしょう？
長靴をはいたネコ	さあ、鬼のお城に急がなきゃ！
ナレーター②	ネコには、何か考えがあるようですね。
ナレーター③	その途中、畑で働く村人たちがいました。
村人①	よいしょ、よいしょ・・・。
村人②	こらしょ、こらしょ・・・。
長靴をはいたネコ	あっ、村人さんたち。お願いがあります。 王様たちがここを通ったら、この土地はすべてカラバ公爵のものだと 言ってください。さもないと、大変なことになりますよ。
村人①	えっ、大変なことって？
長靴をはいたネコ	それは言えません。 でも、とにかく大変なことになるので、そう言ってください。
村人②	わ、わかりました・・・。
ナレーター①	そこへ、王様たちがやって来ました。
王様	ずいぶんと広い畑だが、ここは誰の土地だね？
村人①	カラバ公爵の土地です。
王様	ここ全部か？
村人②	はい、そうです。
王様	はあ、それは驚いた！
ナレーター②	王様は、カラバ公爵は大変なお金持ちだと思いました。
王様	カラバ公爵、あなたはとても立派な方なのですね。 この土地が、すべてあなたのものとは！
お姫様	ほんと、すごいわ！
ジミー	いいえ、それほどでも・・・。 大したことないですよ。アハハ・・・。
ナレーター③	ジミーは、すっかりカラバ公爵になりきって、そう言いました。

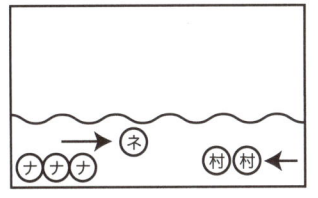

長靴をはいたネコ、下手から
急ぎ足で登場。

村人たち、くわを持って上手から
登場。畑をたがやす真似をする。

長靴をはいたネコ、村人たちに
近づく。

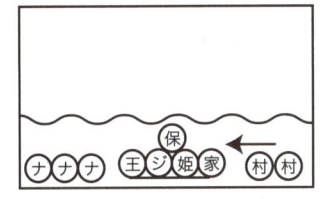

長靴をはいたネコ、上手に下がる。

馬車に乗った王様とお姫様、ジミー、
家来が上手から登場。馬車は、後ろ
に隠れている保育者が動かす。
王様とお姫様、ジミー、家来は、馬
車から出る。

村人たち、上手に下がる。

王様は、ジミーに向かってセリフ
を言う。

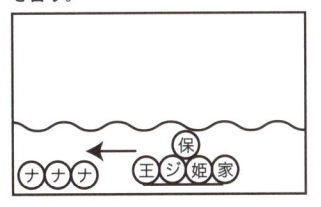

王様とお姫様、ジミー、家来は、
馬車の後ろに戻り、馬車は下手に
下がる。

（鬼のお城）

長靴をはいたネコ	ここが、鬼のお城だな。
ナレーター①	ネコは、魔法が使えるという恐ろしい鬼のお城にやって来ました。
ナレーター②	そこでは、鬼がごちそうを食べようとしていました。
長靴をはいたネコ	ごめんください!
鬼	なんだ。ネコが、わしに何の用事じゃ?
長靴をはいたネコ	あなたは、魔法が使えるすばらしいお方だと聞きました。
鬼	そうだとも!
長靴をはいたネコ	でも、ネズミに姿を変えることなんて、できないですよね?
鬼	わしをバカにしてるのか!?　そんなことは、お安いご用だ!
長靴をはいたネコ	じゃあ、ぜひネズミに変身してみてください!
鬼	よし、わかった!　ちちんぷいぷい・・・。

♪効果音	**18** 魔法をかける音　　📖 楽譜 P.35
ナレーター③	鬼は、そう言うと、グルグルまわってネズミに変身しました。
鬼（ネズミの姿）	どうだ、ネズミに変身したぞ。
長靴をはいたネコ	これはお見事!　それじゃあ、ネズミを食べてやる〜!
鬼（ネズミの姿）	ひえ〜、やめてくれ〜!

♪効果音	**16** 衝撃の音　　📖 楽譜 P.35

長靴をはいたネコ、上手から登場。

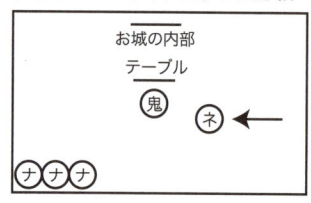

鬼、テーブルの前にいる。

Advice

鬼は、低めの声で悪ぶる口調でセリフを言うとおもしろいでしょう。

鬼、両手の指を組んで、呪文をとなえる真似をし、グルグルまわって下手に下がり、ネズミの格好で現れる。

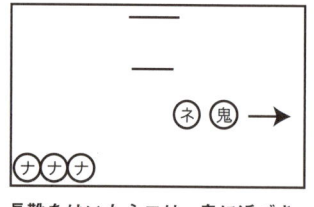

長靴をはいたネコは、鬼に近づき、鬼は走りながら上手に下がり、続いて長靴をはいたネコも下がる。

ナレーター①	ネコは、ネズミに変身した鬼をパクリと食べてしまいました。
ナレーター②	するとそこへ、王様たちがお城にやって来ました。
長靴をはいたネコ	カラバ公爵のお城へようこそ!
王様	ここがカラバ公爵のお城か。なんとすばらしいお城!
長靴をはいたネコ	ごちそうの準備もできていますよ。さあ、召し上がってください。
お姫様	まあ、すごいごちそう!
ナレーター③	王様は、立派なお城に驚き、カラバ公爵をすっかり気に入って しまいました。
王様	カラバ公爵、あなたは大したお方だ。 あなたのような立派なお方は見たことがない。 ぜひ私の娘と結婚してくださらんか。
ジミー	私でよろしければ、ぜひ喜んで!
お姫様	まあ、嬉しいわ!
ナレーター①	そうして、ジミーはカラバ公爵という名前になり、長靴をはいたネコの おかげで、お姫様と結婚しました。
ナレーター②	そして、立派なお城でいつまでも幸せに暮らしました。

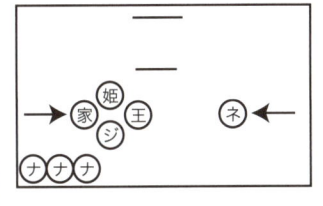

長靴をはいたネコ、上手から登場。
王様とお姫様、家来、ジミーが
下手から登場。

ごちそうを見て驚くお姫様。

♪歌

（全員）

TRACK 12-13 長靴をはいたネコ 📖 楽譜 P.34

ながぐつを　はいた　ネコ
かしこい　かしこい　ネコなんだ
ごしゅじんさまの　しあわせのため
いっしょうけんめい　ちえを　しぼる
ながぐつを　はいた　ネコ
ながぐつを　はいた　ネコ
かしこい　かしこい　ネコなんだ

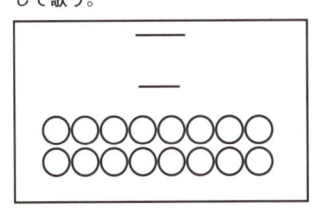

全員が再登場し、舞台中央で整列
して歌う。

ナレーターたち、歌い終わったら、
舞台左手前に戻る。

ナレーター③	ネコは、長靴をはいたことで、人間のように知恵を身につけたのですね。
ナレーター①	そして、ジミーを幸せにすることができたのですね。
ナレーター②、③	よかったね!

長靴をはいたネコ

作詞／作曲：井上明美

TR. 12：歌入り
TR. 13：カラオケ

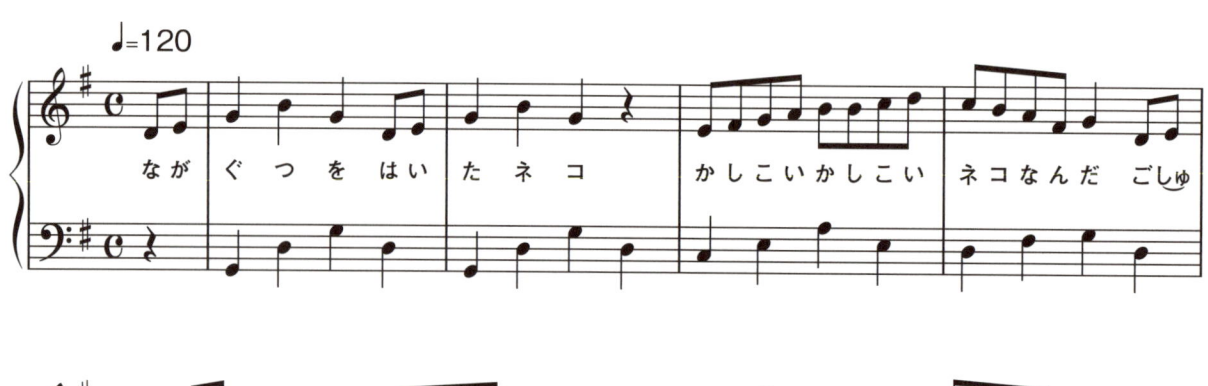

ながぐつをはいたネコ　かしこいかしこい　ネコなんだ　ごしゅ

じんさまの　しあわせのため　いっしょうけんめい　ちえをしぼる

ながぐつを　はいたネコ　ながぐつを　はいたネコ

前奏▶

かしこい　かしこい　ネコなんだ

14 がっかりする音

15 ウサギたちが逃げる音

16 衝撃の音

17 驚きの音

18 魔法をかける音

アリババと40人の盗賊

【対象年齢】4～5歳児　　CD 19-25

あらすじ

昔、あるところに、カシムとアリババという兄弟がいました。ある日、アリババが山でたきぎを集めていると、盗賊たちが、盗んだ金貨や宝石を持って現れました。そして、岩に向かって呪文をとなえると、岩が開き、盗賊たちはそこに金貨や宝石を隠しました。木の陰に隠れて様子を伺っていたアリババ。盗賊たちがいなくなり、アリババも盗賊たちのように呪文をとなえてみると、岩が開いたので、金貨をたくさん持ち帰ることにしました。

持ち帰った金貨がどのくらいあるのか計りたくて、カシムのところにつぼを借りに行きます。ところが、アリババが何を計ろうとしているのか不審に思ったカシムの奥さんは、つぼの底に油をぬっておきました。アリババがつぼを返しに行きます。そして、つぼの底についていた金貨を見たカシムはアリババを問い詰め、盗賊や岩のことを聞き出しました。

自分も金貨が欲しいと思ったカシムは、アリババから聞き出した岩に来て呪文をとなえ、金貨を持ち出そうとします。ところが、帰り際、呪文を忘れてしまい、岩を開けることができずにいると、そこに盗賊たちが現れて、カシムは逃げ出しました。

キャスト

アリババ（1人）
髪にターバンのように白い布を巻く。カーキ色のTシャツに赤いボレロ。青いベルト。カーキ色のパンツに茶の靴。

カシム（1人）
大きめのベレー帽にふさをつける。あごに黒いひげをつけ、水色のブラウスに紫のガウン。グレーのベルトに青のバルーンパンツ。先のとがった靴。

カシムの奥さん（1人）
赤いストールを頭に巻く。緑のえりなしジャケットに赤いバルーンパンツ。赤い靴。

●木

●草

段ボール板で作り、色をつける。
段ボールか大きな積み木で支える。

●たきぎ

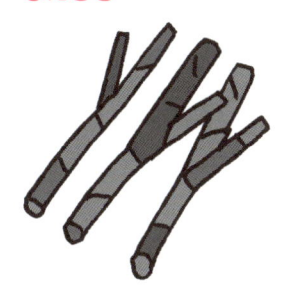

新聞紙を丸め、茶やこげ茶の紙
で巻く。

●背負いかご

本物を使用。

●金貨の袋

大きめの巾着袋を使用。

●金貨

丸く切った厚紙を金の折り紙で巻く。

※「準備するもの」の続き、次ページへ→

盗賊（10〜14人）

黒い三角帽をかぶり、黒いまゆとあごひげをつける。黄土
色のTシャツに金のふちのついた青いベスト。紺のパンツ
と靴。手に刀を持つ。

ウサギ兼ナレーター（3人）

カチューシャにウサギの耳（中はピンク）をつける。
白いTシャツに白いサテン地のベスト。白いバルーン
パンツに白いタイツ。

●つぼ

紙粘土で作り、色をぬる。

●盗賊の刀

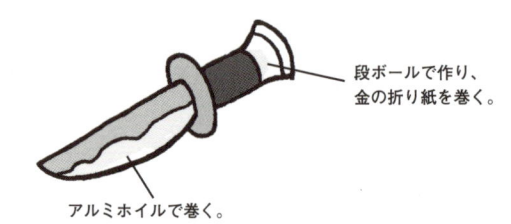

段ボールで作り、
金の折り紙を巻く。

アルミホイルで巻く。

●岩

扉は引き戸にして、横に開けられるようにする。

●カシムの家

段ボール板で作り、色をつける。段ボールか大きな積み木で支える。

●カシムの家の窓

板目紙に描く。舞台背景につける。

第1幕

（山の中）

| ウサギ① |
| ウサギ② |
| ウサギ③ |
| （ウサギ①～③は |
| ナレーター兼） |

昔、あるところに、カシムとアリババという兄弟がいました。
お兄さんのカシムは、いつもいばっていて、欲張りでした。
一方、弟のアリババは、とても貧乏でした。

アリババ

今日も、たきぎをたくさん集めよう。

アリババ、上手からかごをしょって登場。
保育者は、あらかじめ岩のしかけの後ろで待機している。

ウサギ①　アリババがやって来ましたね。
ウサギ②　アリババは、たきぎを集めて、それを売って暮らしていました。
ウサギ③　そこへ、カシムもやって来ました。散歩の途中のようですね。

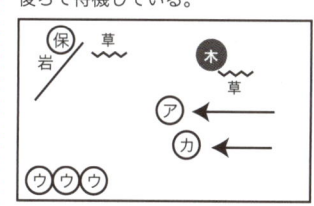

カシム、上手から登場し、アリババに近づく。

カシム　　よう、アリババ。今日もたきぎ集めかい？
アリババ　うん、たきぎを集めないと、暮らしていけないからね。
カシム　　貧乏人は大変だな。せいぜい、頑張ってくれ。

カシム、上手に下がる。

ウサギ①　カシムはそう言うと、行ってしまいました。
ウサギ②　ちょっと嫌な感じですね。

アリババ　さあ、じゃあ、たきぎをたくさん集めよう！
　　　　　　よいしょ、よいしょ・・・。

アリババ、たきぎを集める。たきぎは、木や草の書き割りの後ろに隠しておく。

ウサギ③　ひとりでたきぎを集めるのは大変だね。
ウサギ①　私たちも、手伝ってあげようか？
ウサギ②、③　うん、そうしよう！

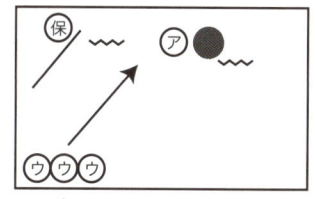

ウサギ①　こんにちは！

ウサギたち、アリババのところに行く。

アリババ	これは、ウサギさんたち。こんにちは。
ウサギ②	私たちも、たきぎ集めのお手伝いをしますよ。
アリババ	ほんと!?　それはとてもありがたい!
ウサギ③	じゃあ、みんなで手分けして集めよう。

ウサギたち、バラバラになって、たきぎを集め、アリババがしょっているかごに入れる。

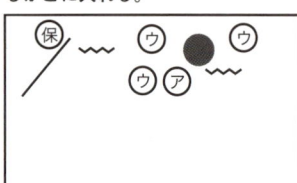

ウサギ①	こっちの方に、たくさん落ちているよ。
ウサギ②	こっちも、いっぱいあるよ!
ウサギ③	わあ、こっちもいっぱいある!
アリババ	ウサギさんたちは、親切だね。とっても助かるよ。
ウサギ①	みんなで集めると、楽しいね。
ウサギ②	ほんと、ほんと!
アリババ	ずいぶんたくさん集められたね。みんな、どうもありがとう!
ウサギ③	どういたしまして。

　（少し間）

盗賊①	今日もたくさん金貨や宝石を盗めたな。
盗賊②	そうだな。ワッハッハ・・・。

盗賊たち、それぞれ金貨の袋を持って、上手から登場。

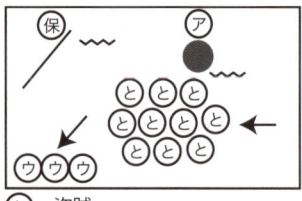

と = 盗賊

アリババは木の陰に隠れ、ウサギたちは舞台左前に戻る。

♪効果音

 **21** **盗賊たちが現れる音** 　　楽譜 P.50

ウサギ①	あっ、恐ろしい盗賊たちだ!
ウサギ②	はやく隠れないと!
ウサギ③	盗賊ってなあに?
ウサギ①	いい人たちを脅かしたり殺したりして、金貨や宝石を盗む悪い人たちだよ。
ウサギ②、③	そうなんだ!?

盗賊たち、舞台中央にバラバラに立って歌う。

♪歌
（盗賊全員）

 **19-20** **盗賊の歌** 　　楽譜 P.49

おれたちゃ　よんじゅうにんの　とうぞくさ
おそれられている　とうぞくさ
きんかに　ほうせき　ぬすんでは
ぜいたくしている　とうぞくさ
ウッヒ　ウッヒ　ウッヒッヒッヒ

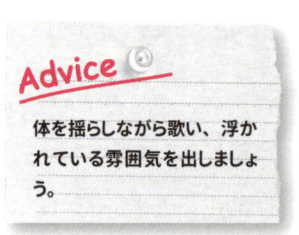

Advice

体を揺らしながら歌い、浮かれている雰囲気を出しましょう。

盗賊③	金貨や宝石を盗むことなんて、簡単だな。
盗賊④	おれたちが現れると、みんな怖がって逃げるからな。
盗賊⑤	盗賊は、止められないね。
盗賊全員	ワッハッハ・・・。
盗賊⑥	さてと、今日も盗んだものを秘密の場所に隠すとするか。
盗賊⑦	そうだな、ここなら誰にも見つからないからな。
盗賊⑧	じゃあ、呪文をとなえるとするか。
盗賊全員	開け〜、ごま!

♪効果音 **TRACK 22 岩が開く音** 📖 楽譜 P.50

ウサギ①	盗賊たちが呪文をとなえると、岩が開きました。
ウサギ②	どうやら、盗賊たちが盗んだものを隠す場所になっていたようですね。
ウサギ③	そして、盗賊たちが入って行くと、岩は自然と閉まりました。
盗賊⑨	ようし、たくさん金貨や宝石が集まったぞ。
盗賊⑩	これでまた、ぜいたくざんまいだな。
盗賊全員	ワッハッハ・・・。
盗賊①	よし、じゃあ帰るとするか。
盗賊②	じゃあ、呪文をとなえるぞ。
盗賊全員	開け〜、ごま!

♪効果音 **TRACK 22 岩が開く音** 📖 楽譜 P.50

ウサギ①	すると、また岩が開きました。
ウサギ②	そして、盗賊たちは、どこかへ帰って行きました。
ウサギ③	その様子を、アリババが木の陰からじっと見ていました。
ウサギ①	ところで、40人の盗賊って歌ってたけど、40人もいなかったよね?
ウサギ②	きっと、交代で盗みをしてるんじゃないの?
ウサギ③	きっとそうだね。でも、本当は盗賊は全部で40人もいるんだね!
アリババ	この岩の中に、盗賊たちが盗んできたものが隠されているんだな。 確か、「開け〜、ごま!」って言ってたけど、そうとなえると、 岩が開くのかな?

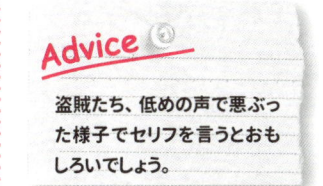

盗賊たち、低めの声で悪ぶった様子でセリフを言うとおもしろいでしょう。

盗賊たち、岩のところに行き、呪文をとなえる。
岩の扉のしかけの後ろに、保育者があらかじめ待機し、盗賊たちが呪文をとなえたら、岩の扉を横に動かして開ける。

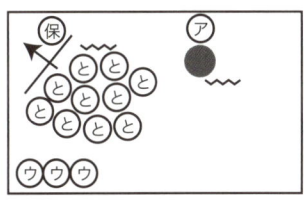

盗賊たちは、扉が開いたところから中に入り、手に持っていた金貨の袋を置く。後ろにいる保育者は、岩の扉を閉める。

盗賊たちが呪文をとなえたら、保育者は岩の扉を開け、盗賊たちが全員外に出たら、また扉を閉める。

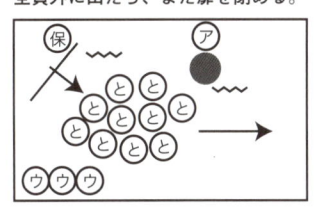

盗賊たち、上手に下がる。

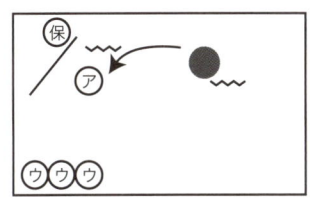

アリババ、木の陰から出て来て、岩のところに行く。

アリババ	ぼくも、ちょっと試してみよう！ 開け〜、ごま！

♪効果音

🔴22 岩が開く音   📖 楽譜 P.50

アリババ、しょっていたかごを置き、岩の前で呪文をとなえる。岩の後ろの保育者は、扉を開け、アリババが中に入ったら、扉を閉める。

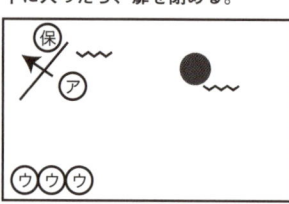

アリババ、岩の中に入る。

ウサギ①	アリババが呪文をとなえると、岩が開きました。
アリババ	あっ、開いた！　じゃあ、中に入ってみようかな・・・。
ウサギ②	アリババは、恐る恐る岩の中に入って行きました。
アリババ	うわあ、すごい！　金貨や宝石がたくさんあるぞ！

♪効果音

🔴23 驚きの音   📖 楽譜 P.50

アリババ	よし、少しもらって帰ろう！
ウサギ③	アリババは、盗賊たちが盗んだ金貨をもらって帰ることにしました。
アリババ	よし、このくらいでいいや。じゃあ、また呪文をとなえよう。 開け〜、ごま！

アリババ、金貨の袋を手にして、呪文をとなえ、保育者は扉を開ける。

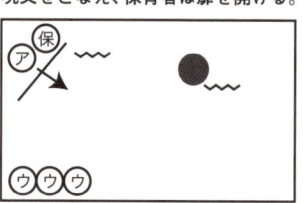

♪効果音

🔴22 岩が開く音   📖 楽譜 P.50

ウサギ①	すると、また岩は開きました。
アリババ	こんなにたくさんの金貨があれば、少しは生活が楽になるな。

幕閉める

（幕　前）

アリババ	いったいどれくらいの金貨だろう？　たくさんありすぎて、わからないや。	アリババ、下手から登場。

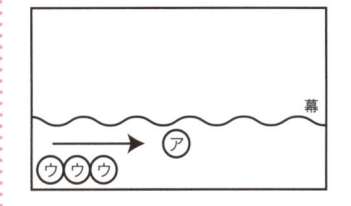

ウサギ②	アリババは、袋に入った金貨を少し取り出してみました。
アリババ	そうだ！　カシム兄さんにつぼを借りて、どのくらいの量の金貨があるか、計ってみよう！
ウサギ③ **ウサギ①**	アリババは、金貨をつぼに入れて、量を計ろうと考えたようですね。 そして、カシムのところに向かいました。

アリババ、上手に下がる。

第2幕 - 幕開く

（カシムの家）

ウサギ②	アリババは、カシムの家にやって来ました。	アリババ、上手から登場し、カシムの家に近づく。 カシムとカシムの奥さんは、家の中にいる。カシム、外に出る。
アリババ	ごめんください！　カシム兄さんいますか？	
カシム	おや、アリババ。どうしたんだ？	
アリババ	ちょっと計りたいものがあるので、つぼを貸してもらえませんか？	
カシム	つぼ？　何を計るというのか？	
アリババ	あっ、それはちょっと言えないんだけど・・・。	
カシム	どうして言えないのか？　まあいい。ちょっと待ってくれ。	

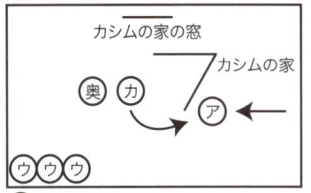

奥 ＝ カシムの奥さん

カシム、家の中に入る。

ウサギ③	カシムは、家に入ると、アリババがつぼを借りに来たことを奥さんに話しました。
カシムの奥さん	貧乏なアリババがつぼを借りて、何を計ろうというのかしら？
カシム	それはわからんが、何か隠しごとがありそうだ。

カシムの奥さん	じゃあ、つぼのそこに油を少し塗っておきましょう。 油にくっついて、何を計ったのか、後からわかるかもしれないわ。	カシムの奥さん、一度下手に下がり、 つぼを手に持って、再び登場する。
カシム	なるほど！　それはいい考えだな。	
ウサギ①	そう言うと、カシムの奥さんは底に油を塗ったつぼを持ってきました。	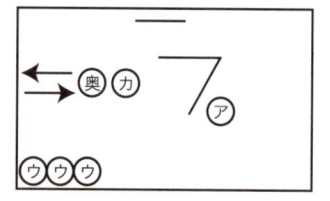
カシムの奥さん	はい、これ。	カシムの奥さん、つぼをカシムに渡す。
カシム	よし。	
カシム	さあ、つぼだ。持って行くがいい。	カシム、アリババにつぼを渡す。
アリババ	カシム兄さん、ありがとう！　じゃ、お借りします。	

幕閉める

（幕　前）

ウサギ②	アリババは、カシムにつぼを借りると、金貨をつぼに入れて、 どのくらいの量があるのか計ってみました。	アリババ、つぼを手に持ち、下手 から登場。
アリババ	カシム兄さんにせっかくつぼを借りたけど、金貨が多すぎて、 計れなかったな。	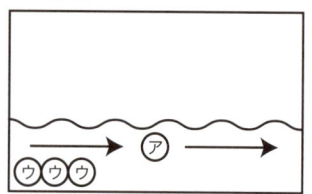
ウサギ③	つぼでは計れないくらいたくさんの金貨があったようですね。	
アリババ	じゃあ、つぼを返しに行こう。	アリババ、上手に下がる。

（カシムの家）

アリババ	ごめんください！
カシム	おう、アリババか。
アリババ	つぼを返しに来ました。どうもありがとう！
ウサギ①	そう言うと、アリババは帰って行きました。
カシム	アリババが、つぼを返しに来たぞ。
カシムの奥さん	じゃあ、つぼの底を見てみましょう。
カシム	あれっ、金貨が貼りついているぞ！
	貧乏なアリババが、どうして金貨なんか持っているんだ!?

アリババ、上手から登場し、カシムの家に近づく。カシムとカシムの奥さんは、家の中にいる。
カシム、外に出る。アリババ、つぼをカシムに渡し、セリフを言うと上手に下がる。

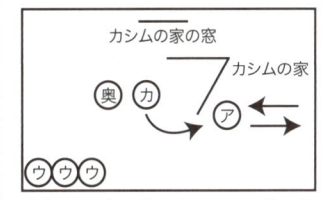

カシム、家の中に入り、つぼの底から、金貨を取り出す（金貨はあらかじめ、つぼに入れておく）。

♪効果音　　**23** **驚きの音**　　📖 **楽譜 P.50**

カシムの奥さん	おかしいわね・・・。
カシム	ようし、アリババを問い詰めてみよう！

幕閉める

（幕　前）

ウサギ②	カシムは、アリババの家にやって来ました。
カシム	アリババはいるか？
アリババ	あれっ、カシム兄さん、どうしたの？
ウサギ③	カシムは、アリババに貸したつぼの底に金貨が貼りついていたことを説明しました。
カシム アリババ	貧乏なお前が、どうして金貨なんか持っていたんだ？ それは、その・・・。
カシム	ちゃんと説明しろ！　さもないと、ただじゃおかないぞ！
アリババ	実は・・・。
ウサギ①	アリババは、カシムに問い詰められて、しかたなく盗賊たちのことを話しました。
ウサギ②	岩の隠し場所のことや、岩を開ける呪文のことなども説明しました。
カシム	そんなことがあったのか！
♪効果音	TRACK **24** **衝撃の音**　　　📖 楽譜 P.50
ウサギ③	そして、カシムも、盗賊たちの金貨や宝石を欲しいと思いました。

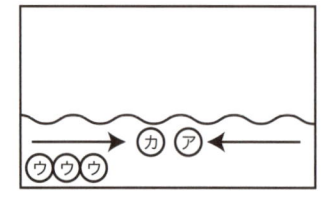
カシム、下手から登場。

アリババ、上手から登場。

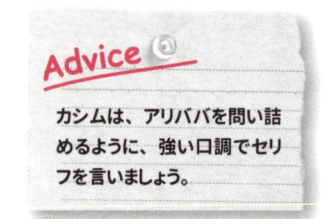

Advice
カシムは、アリババを問い詰めるように、強い口調でセリフを言いましょう。

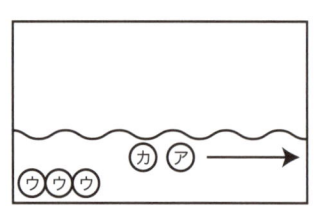
アリババとカシム、上手に下がる。

第 **4** 幕 - 幕開く

（山の中）

カシム	盗賊たちが盗んだ金貨や宝石があるのは、この岩だな。 よし、じゃあ、呪文をとなえよう。 開け〜、ごま！

♪効果音   **TRACK 22**   **岩が開く音**   📖 **楽譜 P.50**

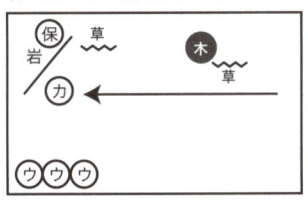

カシム、上手から登場し、
岩に近づき、呪文をとなえる。

ウサギ①	カシムが呪文をとなえると、岩が開きました。
カシム	よし、開いたぞ！ じゃあ、中に入ろう。
カシム	わあ、金貨や宝石がいっぱいだ！ アリババの言ったとおりだ。すごいぞ！
カシム	持ちきれるだけ、持って帰ろう。 よし、このくらいでいいな。
カシム	じゃあ、また呪文をとなえるとするか。 開け〜・・・、あれ、開け、何だっけ？ 開け〜、ごま！ じゃなくて、 開け〜、くま！ じゃなくて、何だっけ・・・。
ウサギ②	カシムは、岩を開ける呪文を忘れてしまったようですね。
ウサギ③	そこへ、盗賊たちがやって来ました。

岩の扉のしかけの後ろに、保育者
があらかじめ待機し、カシムが呪
文をとなえたら、岩の扉を横に動
かして開ける。
カシム、岩の中に入る。保育者は
岩の扉を閉める。

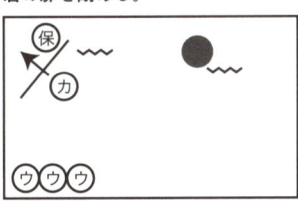

カシムは、あらかじめ岩の中に置
いておいた金貨の袋を手に持ち、
セリフを言う。

盗賊たち、それぞれ金貨の袋を
持って、上手から登場。

♪効果音   **TRACK 21**   **盗賊たちが現れる音**   📖 **楽譜 P.50**

盗賊③ **盗賊④** **盗賊⑤**	今日もたくさん金貨や宝石を盗めたな。 そうだな。 笑いが止まらないね。ワッハッハ・・・。

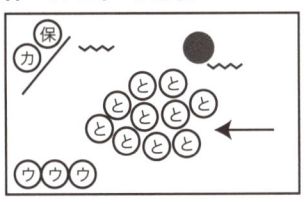

盗賊たち、舞台中央にバラバラに
立って歌う。

♪歌
（盗賊全員）   **TRACK 19-20**   **盗賊の歌**   📖 **楽譜 P.49**

> おれたちゃ　よんじゅうにんの　とうぞくさ
> おそれられている　とうぞくさ
> きんかに　ほうせき　ぬすんでは
> ぜいたくしている　とうぞくさ
> ウッヒ　ウッヒ　ウッヒッヒッヒ

カシム	あっ、盗賊たちが来たみたいだ。ど、どうしよう・・・。
ウサギ① **ウサギ②**	岩の中にいるカシムに、盗賊たちの歌が聞こえたようです。 どうなるのでしょう・・・。
盗賊⑥ **盗賊⑦** **盗賊⑧**	さてと、今日も盗んだものを秘密の場所に隠すとするか。 そうだな、ここなら誰にも見つからないからな。 じゃあ、呪文をとなえるとするか。
盗賊全員	開け〜、ごま！

♪効果音　**TRACK 22**　**岩が開く音**　📖 楽譜 P.50

盗賊たち、岩のところに行き、呪文をとなえ、岩の後ろの保育者は、扉を開ける。

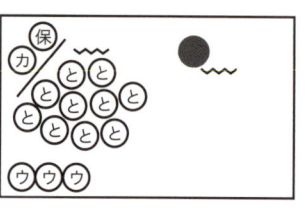

ウサギ③	すると、岩が開きました。
盗賊⑨ **盗賊⑩**	お、お前は誰だ!? なぜ、ここにいる!?
カシム	あの、その・・・。
盗賊① **盗賊②** **盗賊③**	あっ、おれたちが盗んだものを盗もうとしているな！ 人のものを盗むなんて、とんでもないやつだ！ 捕まえろ〜！
カシム	ごめんなさ〜い！
盗賊全員	待て〜!!

♪効果音　**TRACK 23**　**盗賊たちがカシムを追いかける音**　📖 楽譜 P.50

カシム、手に持っていた宝の袋を投げ捨て、慌てるように走って上手に下がる。

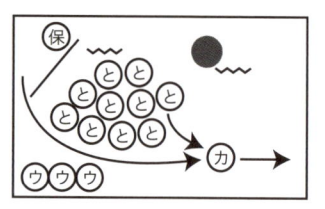

盗賊たちは、カシムを追って走って上手に下がる。

ウサギ①	そうして、カシムは盗賊たちに見つかってしまい、どこかに逃げて行きました。
ウサギ②	盗賊たちは、カシムを捕まえようと、追いかけて行きました。
ウサギ③	盗賊たち、「人のものを盗むなんて、とんでもないやつだ」とか言ってたけど、自分たちだって、人のものを盗んでいるくせにね。
ウサギ① **ウサギ②**	自分たちこそ、ひどいやつだよね。 本当にね。
ウサギ③	これで、「アリババと40人の盗賊」のお話は、おしまい。

盗賊の歌

作詞／作曲：井上明美

TR.**19**：歌入り
TR.**20**：カラオケ

♩=138

おれたちゃ　よんじゅうにん の　とうぞく　さ

おそれられている　とうぞく　さ

きんかに　ほうせき　ぬすんで　は

ぜいたく　している　とうぞく　さ

前奏

ウッ　ヒ　ウッ　ヒ　ウッヒッヒッ　ヒ

TR.21 盗賊たちが現れる音

TR.22 岩が開く音

TR.23 驚きの音

TR.24 衝撃の音

TR.25 盗賊たちがカシムを追いかける音

劇あそびに関するワンポイントアドバイス①

劇あそび全体を通じてのワンポイントアドバイスをまとめました。
作品選びから本番までの準備などについて、ぜひ参考になさってください。

●作品選び

劇あそびの作品選びに悩んだら、いろいろな作品を子どもたちに読み聞かせて、どんなお話を演じて
みたいか、子どもたちの意見を聞いてみるのもいいでしょう。子どもたちと一緒に作品を選ぶことで、
より興味を持って劇あそびに取り組むことができるでしょう。

●作品が決まったら

劇あそびの作品が決まったら、事前に絵本や童話集などで、原作を子どもたちに読み聞かせてあげる
といいでしょう。それを、劇あそびとしてどんなふうに表現したらいいか、登場人物や各舞台の場面、
背景などを子どもたちにも一緒に考えさせましょう。そうすることで、子どもたちは、劇あそびについて
真剣に考える気持ちが芽生え、子どもたちのアイディアが詰まった劇あそびになるでしょう。

●シナリオ

シナリオは、拡大コピーしてルビ（読み仮名）をふったり、模造紙などに大きく書き出すことで、子ど
もたちは劇全体の流れや、自分のセリフ、出番などが、よくわかるでしょう。また、劇全体を把握する
ことで、このお話を演じるんだという意識が生まれるでしょう。

●キャスト

配役は、すべての役について子どもたちに説明し、どの役を演じたいかを聞いて、できるだけ子どもた
ちの意見を尊重して決めるといいでしょう。またそれが難しい場合は、それぞれの子どもが、どの役な
ら興味を持って演じられるかを考えて決めるようにしましょう。

●衣装

衣装のデザインや色は、できるだけ子どもたちの意見を取り入れるようにしましょう。そうすることで、
子どもたちは、自分たちの考えで作り上げて演じる劇あそび、という意識が高まり、より意欲的に劇あ
そびに取り組むことができるでしょう。

●保護者の方に

保護者の方へは、事前にクラス通信などで、劇あそびのお話のストーリーや、劇あそびの見どころなど
を知らせておくといいでしょう。そうすることによって親御さんは、知らないお話でも、より興味を持って、
安心して見ることができるでしょう。

北風と太陽

【対象年齢】4～5歳児　　CD 26-33

あらすじ

野原で北風たちが風を吹かせていると、南風たちがやって来ました。冷たい風を吹かせられる自分たちが強くて偉いと断言する北風たちに対し、暖かい風を吹かせられる自分たちが強くて偉いと主張する南風たち。そこで雲たちは、自分たちをどれだけ遠くまで飛ばせられるかで比べたらどうかと提案します。まず南風たちが思いきり吹きますが、雲たちはふわふわ飛ばされ、暖かく気持ちよくなるだけでした。一方、北風たちが雲たちに向かって思いきり吹くと、雲たちは遠くまで飛ばされてしまいます。南風たちは暖かくて気持ちよかったものの、強さで言えば、北風たちの勝ちとなりました。

そんなところへ、太陽がやって来ました。北風たちが強さ比べをしていたことを伝え、世界一強いのは自分たちであると主張すると、太陽が否定します。そこで今度は、北風たちと太陽が通りかかった旅人たちのコートを脱がせた方が勝ちという強さ比べをすることに。まず北風たちが強く吹くと、旅人たちは寒がり、くり返し吹くと、コートのえりを立てて背中を丸めてしまいました。一方、太陽がカンカンと照りつけると、旅人たちは暑くなり、たまらずにコートを脱ぎました。そういうわけで、勝負は太陽の勝ちとなりました。

キャスト

北風（3人）

風の形を段ボールで作り、水色にぬり、顔のまわりにつける。水色の長めのTシャツにタイツ。

〈裏〉
段ボールにひもをつけ、後ろをひもでとめる。

太陽（1人）

太陽の形を段ボールで作り、オレンジと黄色のグラデーションでぬり、顔のまわりにつける。黄色の長めのTシャツにオレンジのタイツ。

南風（3人）

風の形を段ボールで作り、ピンクにぬり、顔のまわりにつける。薄いピンクのワンピースにピンクのタイツ。

52

●木

●草

段ボール板で作り、色をつける。
段ボールか大きな積み木で支える。

●野原の風景

板目紙に描く。舞台背景につける。

雲（3〜4人）

雲の形を段ボールで作り、白にところどころグレーを混ぜた色でぬり、顔のまわりにつける。グレーの長めのTシャツに白いタイツ。

旅人（3〜6人）

紺の帽子をかぶる。白いTシャツに紺のコート。ベージュのズボンに茶の靴。リュックを背負う。

ナレーター（3人）

紺のブレザーとパンツ。赤い蝶ネクタイ。白いハイソックスに黒い靴。

登場人物	セリフ・歌・効果音など	動き・アドバイスなど

第1幕

（野　原）

ナレーター①	野原に、北風たちがいました。
ナレーター②	北風は、北から吹いてくる冷たくて寒い風です。

舞台中央に北風たちが立っている。

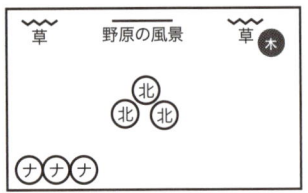

北風①	ぼくたち北風は、風の中の王様だね。
北風②	強ーい風を吹くことができるからね。
北風③	ぼくたちにかなう者はいないね。
北風①	じゃあ、ちょっと吹いてみようか。
北風②、③	オッケー！
北風全員	せーの！
	ビュ～！！

北風たち、思いきり吹く真似をする。

♪効果音

TRACK 28　北風が吹く音　　📖 楽譜 P.62

ナレーター③	そこへ、南風たちがやって来ました。
ナレーター①	南風は、南から吹いてくる暖かい風です。

南風たち、上手から登場。

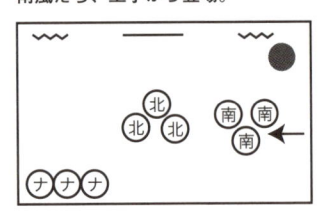

♪効果音

TRACK 29　南風が吹く音　　📖 楽譜 P.62

南風①	なんだか、冷たい風が吹いているわね。
南風②	きっと、北風さんたちが吹いたんだわ。
南風③	冷たい風って嫌よね。
南風①	風は、やっぱり暖かくないとね。
北風①	やあ、南風さんたち、こんにちは。
南風全員	こんにちは！

北風たち、南風たちに近づく。

南風②	北風さんたちは、冷たい風ですね。
北風②	風といえば、やっぱり冷たくなくっちゃね。
南風③	えっ、そうかしら?
南風①	風といえば、やっぱり暖かい方がいいに決まっているわ。
北風③	そんなことはないよ。
北風①	北風の方が、強くて偉いんだぞ。
南風②	いえいえ、南風の方が強くて偉いわ。
ナレーター②	そこへ、雲たちがやって来ました。
雲①	おやおや、皆さん。どうしたんですか?
北風②	これは、雲さんたち。
南風③	北風と南風は、どちらが強くて偉いのか、言い合っていたのよ。
雲②	そうですか。それでは、比べてみたらいかがでしょう?
北風③	どうやって?
雲③	それぞれ風を吹かせて、私たち雲をどれだけ遠くまで飛ばせるか、
	比べてみたらどうでしょう?
南風①	なるほど!
北風①	それは、いい考えですね!
南風②	じゃあ、まず私たち南風が吹きますね。
南風③	用意はいいですか?
雲全員	はーい!
南風全員	せーの!
	ヒュウヒュウ〜!!

♪効果音　🎵TRACK 29　南風が吹く音　📖 楽譜 P.62

ナレーター③	南風たちは、雲たちに向かって思いきり吹きました。
雲①	ふわふわ飛ばされるね〜。
雲②	でも、そんなに強くないね〜。
雲③	なんだか暖かくって気持ちいいね〜。
雲①	南風さんたちの力はわかりました。
雲②	では、次は北風さんたちが吹いてください。

Advice

北風と南風は、自分たちの方が強いということを主張するように、強めの口調でセリフを言いましょう。

雲たち、上手から登場し、北風たちに近づく。

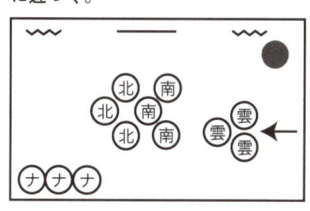

南風たち、雲たちに向かって、思いきり吹く真似をする。

雲たち、両手をふわふわ動かしながら、小走りで舞台を自由に動く。

北風② 北風③	よし、じゃあ今度はぼくたちが吹きますよ。 用意はいいですか?
雲全員	はーい!
北風全員	せーの! ビュ〜!!

♪効果音　 **TRACK 28** 北風が吹く音　　📖 楽譜 P.62

北風たち、雲たちに向かって、思いきり吹く真似をする。

雲全員 雲③ 雲①	ひぇ〜! 吹き飛ばされる〜! た、助けて〜!

♪効果音　 **TRACK 30** 雲たちが吹き飛ばされる音　　📖 楽譜 P.62

ナレーター①	北風たちが雲たちに向かって思いきり吹くと、雲たちはどこかに 吹き飛ばされてしまいました。

雲たち、両手を上げて飛ばされる真似をして、走って下手に下がる。

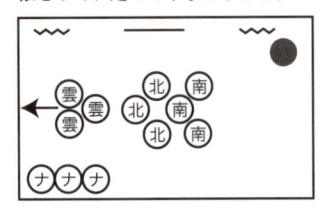

幕閉める

（幕　前）

雲② 雲③ 雲①	どこまで吹き飛ばされるんだ!? 北風さんの力は強いな〜! こんなに遠くまで、ぼくたちを吹き飛ばすなんて・・・。
ナレーター②	北風たちは、とても遠くまで雲たちを吹き飛ばしました。
ナレーター③	そして、風がやっと治まって、また北風たちのところに戻って行きました。

雲たち、両手を上げて飛ばされる真似をしながら、小走りで下手から登場し、上手に下がる。

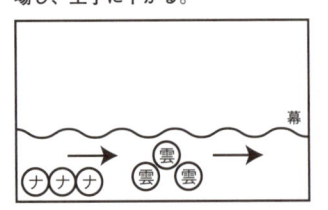

（野原）

北風①	ああ、雲さんたちがやっと戻って来た。
北風②	どこまで行っちゃったの？
雲②	北風さんたちの吹く力が強すぎて、遠くまで吹き飛ばされちゃったんだよ。
雲③	南風さんたちの吹く風は、暖かくて気持ちよかったけど、強さからいったら、北風さんたちの勝ちだね。
北風全員	やったー！
北風③	やっぱり、ぼくたちの方が強いんだね。

雲たち、上手から登場し、北風たちに近づく。

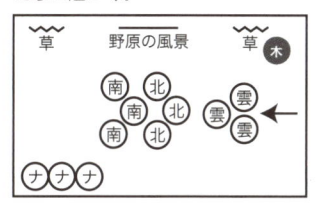

両手を上げて、喜ぶ北風たち。

♪効果音　**TRACK 31　喜びの音**　📖 楽譜 P.62

南風①	雲さんたちがそう言うのなら、仕方ないわ。
南風②、③	そうね。
ナレーター①	そこへ、太陽がやって来ました。

太陽、上手から登場。

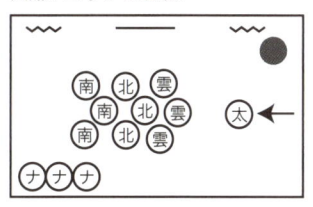

♪効果音　**TRACK 32　太陽が照りつける音**　📖 楽譜 P.63

太陽	やあ、皆さんお集まりで。どうしたんですか？
ナレーター②	北風たちは、南風たちと強さ比べをして勝ったことを話しました。
太陽	そうだったんですね。
北風①	ぼくたちは、世界一強いからね。
太陽	世界一？　いえ、それは違うと思いますよ。
	世界一強いのは、この私ですよ。

北風②	何を言いますか。世界一強いのは、このぼくたち北風ですよ。
太陽	よし、じゃあ、どちらが強いか、比べてみましょうか。
北風③	ぜひ、そうしましょう!
ナレーター③	そこへ、旅人たちが通りかかりました。
旅人①	今日は何だかとても寒いね。
旅人②	本当にね。
旅人③	体が冷えるね。
北風①	じゃあ、あの旅人たちのコートを脱がせた方が勝ちというのはどうでしょう?
太陽	いいですね。じゃあ、そうしましょう。
北風②	ぼくたちがひと吹きすれば、どんなものだって吹き飛んでしまうさ。
北風③	そうそう!

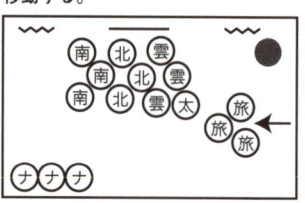

太陽、北風、南風、雲、旅人全員が
舞台中央にバラバラに立って歌う。

♪歌

（太陽、北風、南風、雲、旅人全員）

 **26-27** 北風と太陽　📖 **楽譜 P.61**

> きたかぜと　たいよう
> どちらが　つよいか　くらべっこ
> たびびとの　コートを
> ぬがせるのは　どちらだ
> きたかぜは　ビュウビュウ　ふくんだ
> たいようは　カンカン　てらすよ
> どちらが　つよいのか　くらべっこ

南風と雲たちは、歌い終わったら
上手に下がる。

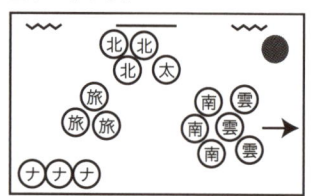

ナレーター①	そうして、北風と太陽は、どちらが強いか比べることにしました。
北風①	じゃあ、まずはぼくたちがやってみるよ。
北風全員	せーの! ビュ〜!!

北風たち、旅人たちに向かって、
思いきり吹く真似をする。

♪効果音　**28** 北風が吹く音　📖 **楽譜 P.62**

旅人①	ひぇ〜、冷たい風が吹いてきたぞ!
旅人②	寒い、寒い・・・。
旅人③	ブルブル震える。
ナレーター②	北風たちが吹くと、旅人たちは寒がって、背中を丸めました。

旅人たち、背中を丸めて震える真似
をする。

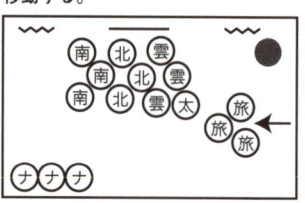

Advice
北風たちは、自分たちこそ世界一強いと主張するように、自信たっぷりにセリフを言いましょう。

旅人たち、上手から登場。
北風たちと太陽は、舞台奥に少し
移動する。

北風②	ダメだなあ、コートを脱がないぞ。
北風③ **北風全員**	よし、じゃあもっと強く吹いてみるか。 せーの! ビュウビュウ〜!!

北風たち、旅人たちに向かって、再び、思いきり吹く真似をする。

♪効果音　**TRACK 28　北風が吹く音**　📖楽譜 P.62

旅人① **旅人②** **旅人③**	うわあ、なんて寒いんだ! 風が冷たすぎる! 凍えそうだ・・・。

旅人たち、コートのえりを立て、さらに背中を丸めて震える真似をする。

ナレーター③	北風たちがいっそう強く吹くと、旅人たちはコートのえりを立てて、コートをしっかりつかんで、いっそう背中を丸めました。
北風①	ダメだなあ、なかなかコートを脱がないぞ。
太陽	ダメみたいですね。では、今度は私の番ですね。 旅人たちを照りつけてみますよ。 せーの! うーん!!

太陽、旅人たちに向かって、強く照りつける真似をする。

♪効果音　**TRACK 32　太陽が照りつける音**　📖楽譜 P.63

ナレーター①	今度は、太陽がカンカンと旅人たちを照らしました。
旅人① **旅人②** **旅人③**	あれっ、今度は急に暑くなってきたぞ。 さっきまでは、凍えるほど寒かったのに。 なんだか、おかしな天気だな。

旅人たち、空を見上げる。

太陽	旅人たちが暑がっているぞ。よしもう一息だ! せーの! うーん!!

太陽、旅人たちに向かって、再び、強く照りつける真似をする。

♪効果音　**TRACK 32　太陽が照りつける音**　📖楽譜 P.63

ナレーター② **ナレーター③**	太陽が、もう一度力いっぱい旅人たちを照りつけました。 すると・・・。

旅人①	こりゃ、暑くてかなわない。
旅人②	汗が出てきたぞ。
旅人③	暑い、暑い！
旅人全員	コートを脱ごう！

旅人たち、汗をふく真似をする。

旅人たち、コートを脱ぎ、手に持つ。

♪効果音

TRACK 33 旅人たちがコートを脱ぐ音 📖 楽譜 P.63

ナレーター①	太陽が旅人たちを照らすと、旅人たちは暑くなって、コートを脱ぎ始めました。
ナレーター②	そして、コートを手に持って、どこかに行ってしまいました。
太陽	やったー！　コートを脱いだぞ！

旅人たち、下手に下がる。

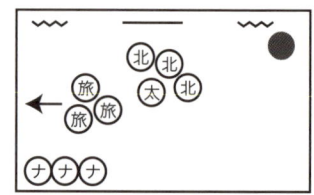

♪効果音

TRACK 31 喜びの音 📖 楽譜 P.62

太陽	どうやら、私の勝ちのようですね。
北風②	くやしいけど、そのようですね・・・。
北風③	残念だけど、太陽さんの方が強かったですね。
ナレーター③	北風たちは、あっさりと負けを認めました。

Advice 🕐
太陽は両手を上げて喜び、嬉しそうにセリフを言いましょう。

♪歌
（全員）

TRACK 26-27 北風と太陽 📖 楽譜 P.61

> きたかぜと　たいよう
> どちらが　つよいか　くらべっこ
> たびびとの　コートを
> ぬがせるのは　どちらだ
> きたかぜは　ビュウビュウ　ふくんだ
> たいようは　カンカン　てらすよ
> どちらが　つよいのか　くらべっこ

全員が再登場し、舞台中央で整列して歌う。

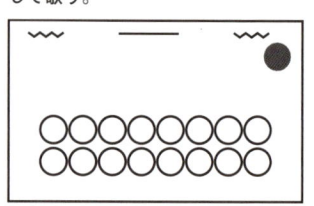

ナレーター①	これで、「北風と太陽」のお話は
ナレーター②、③	おしまい。

北風と太陽

作詞／作曲：井上明美

TR.26：歌入り
TR.27：カラオケ

28 北風が吹く音

29 南風が吹く音

30 雲たちが吹き飛ばされる音

31 喜びの音

TR.32 太陽が照りつける音

TR.33 旅人たちがコートを脱ぐ音

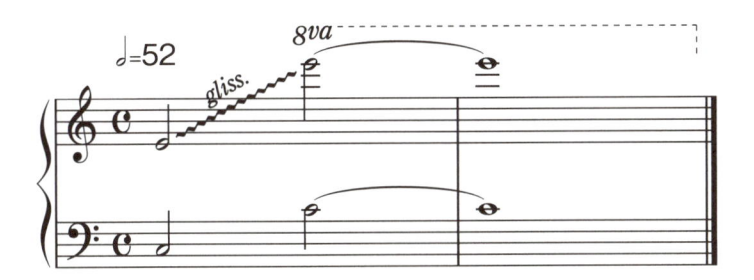

こぶとりじいさん

【対象年齢】4〜5歳児　　CD 34-41

あらすじ

昔あるところに、右のほっぺに大きなこぶのあるおじいさんがいました。ある日、山へやって来ると、キツネたちが現れて、一緒にきのこ採りや、かくれんぼをしました。そして、おじいさんは疲れて昼寝をしました。

おじいさんが目を覚ますと、夕方になって、あたりは暗くなっていました。すると、大勢の鬼たちが現れ、鬼たちは飲んで歌って踊り始めました。それを木の陰から見ていたおじいさんは楽しい気分になり、つられて鬼たちの前に踊り出してしまいます。ところが、おじいさんが歌も踊りも上手なので、鬼たちはすっかり気に入り、朝まで一緒に踊り明かしました。鬼たちは、「今夜も踊りに来い、それまで預かっておく」と言って、おじいさんのこぶをもぎ取りました。

こぶがなくなって村に帰ると、左のほっぺに大きなこぶのあるとなりのおじいさんがやって来て、なくなったわけを聞きます。自分もこぶを取って欲しいと思ったとなりのおじいさんは、その晩、山へ行き、鬼たちを待ちました。そこに現れて、踊り始めた鬼たち。となりのおじいさんは、鬼たちの前に出て歌って踊りますが、下手な歌と踊りで鬼たちは怒り、昨晩もぎ取ったこぶを右のほっぺにつけ、こぶがふたつになってしまいました。

キャスト

おじいさん（1人）

赤い巾着型の帽子に、紺のじんべえの上下、グレーのひも。肌色の布に綿をつめたこぶを右のほっぺにテープで貼り、グレーのまゆをつけ、ぞうりをはく。

鬼（10〜14人）

鬼のお面をつける。グレーのTシャツにヒョウ柄のパンツ。グレーのタイツ。手にひょうたんの入れものを持つ。

●木

●草

段ボール板で作り、色をつける。
段ボールか大きな積み木で支える。

●酒

ひょうたんの入れもの。

●ざる

本物を使用。

●きのこ

茶や赤、黄色のフェルトに綿を詰めて作る。

となりのおじいさん（1人）

紫の巾着型の帽子に、こげ茶のじんべえに茶のもんぺ、水色の
ひも。肩に水色のあて布をつける。肌色の布に綿をつめたこぶ
を左のほっぺにテープで貼り、グレーのまゆをつけ、ぞうりをはく。

ニワトリ（1人）

白いフェルト地の帽子に赤いトサカと黄色い口ばしを
つける。あごに赤いひげをつける。白いTシャツとパ
ンツに白いタイツ。

キツネ兼ナレーター（3人）

キツネのお面をつける。茶のTシャツ、お腹にベー
ジュの布をあてる。茶のパンツに綿を詰めたしっぽ
とタイツ。しっぽの先はベージュ。

登場人物	セリフ・歌・効果音など	動き・アドバイスなど

第1幕

（山の中）

登場人物	セリフ・歌・効果音など	動き・アドバイスなど
キツネ① キツネ②	昔あるところに、右のほっぺに大きなこぶがあるおじいさんがいました。 今日は、山へきのこを採りに来たようですよ。	おじいさん、手にざるを持って、上手から登場。
おじいさん	よし、この辺ならきのこがたくさんありそうだな。 じゃあ、採るとするか。	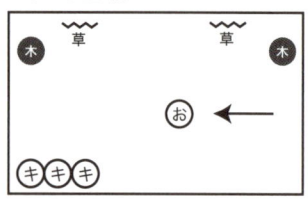
キツネ③ （キツネ①〜③は ナレーター兼）	おじいさんは、きのこを採り始めました。	おじいさん、舞台をあちこち動いて、きのこを探す。
おじいさん	なかなか、ないなあ・・・。	
キツネ① キツネ② キツネ③	おじいさん、きのこを見つけられないみたいですね。 じゃあ、ぼくたちも手伝ってあげようよ。 そうだね。そうしよう！	
キツネ全員	おじいさん、こんにちは！	キツネたち、おじいさんのところに行く。
おじいさん キツネ① おじいさん キツネ② キツネ全員	これは、これは、キツネさんたち。こんにちは。 ぼくたちも一緒に、きのこを採りますよ。 そうかい？　それはありがたい。 じゃあ、みんなで頑張って、きのこをたくさん採ろう！ オー！	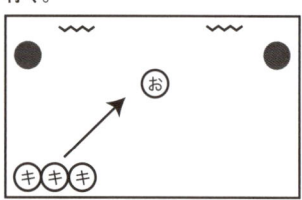
キツネ③ キツネ①	こっちにたくさんあるよ！ あっ、こっちにもあるぞ！	キツネたち、バラバラになって、草の陰にあらかじめ隠してあったきのこを採る。

キツネ②	こっちにもあるある！
おじいさん	みんな、ありがとうね！
キツネ③	わあ、たくさん採れたね！
おじいさん	助かったよ。キツネさんたち、本当にありがとう。
キツネ全員	どういたしまして！
おじいさん	じゃあ、たくさんきのこが採れたから、少しみんなであそぼうか？
キツネ①	ほんと！？
キツネ②、③	やったー！

キツネたち、採ったきのこをおじいさんが持っていたざるに入れる。

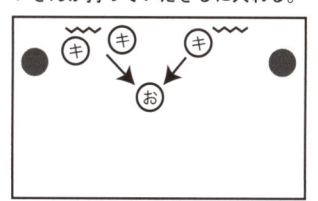

キツネたち、両手を上げて喜ぶ。

♪効果音	**TRACK 36　キツネたちが喜ぶ音**　📖 **楽譜 P.74**

おじいさん	何してあそぼうかね？
キツネ①	じゃあ、かくれんぼしようよ！
キツネ②	うん、かくれんぼがいいね！
おじいさん	ようし、じゃあ、わしが鬼になるよ。
	10数えるから、その間にキツネさんたちはどこかに隠れてね。
キツネ全員	はーい！
おじいさん	1、2、3、4、5、6、7、8、9、10！
おじいさん	さあ、みんなどこに隠れたのかな・・・。
おじいさん	あっ、ひとり見つけた！
キツネ③	ああ、見つかっちゃった。
おじいさん	こっちも見つけたぞ！
キツネ①	ぼくも見つかっちゃった。
おじいさん	もうひとりは、こっちかな・・・。
	ああ、見つけた！
キツネ②	わあ、見つかっちゃった。
キツネ③	かくれんぼ、楽しかったね！
キツネ①	うん、楽しかった！
キツネ②	おじいさん、ありがとう！
キツネ③	ありがとう！

おじいさん、両手で目を隠し、数を数える。
その間に、キツネたちは木や草の書き割りの後ろに隠れる。
おじいさん、数を数え終えたら、キツネたちを探し、キツネたちは、見つかったら舞台に出て来る。

キツネたち、おじいさんにお辞儀をする。

おじいさん	どういたしまして。
キツネ①	じゃあ、ぼくたちはそろそろ帰るね。
おじいさん	じゃあ、またね！
キツネ全員	さようなら！
おじいさん	久しぶりのかくれんぼは、楽しかったな。 でも、きのこ採りをして、かくれんぼをしたら、ちょっと疲れちゃったな。 少し昼寝でもするか。
キツネ②	おじいさんはそう言うと、木の陰で昼寝をすることにしました。
キツネ③	気持ちよさそうに寝てしまいましたね。
キツネ①	しばらくすると、夕方になって、あたりは暗くなってきました。
キツネ②	おじいさん、大丈夫かな？
おじいさん	あーあ、よく寝た。 わあ、こんなに暗くなってしまった。 どうしよう、これじゃあ、家に帰れんな・・・。
キツネ③	するとそこへ、どこからともなく大勢の鬼たちが現れました。

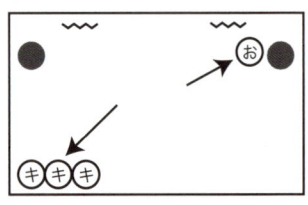

キツネたち、おじいさんに手をふって、舞台左手前に戻る。

おじいさん、木の書き割りのところで横になり、寝る真似をする。

Advice

夜になる場面では、舞台の照明を少し暗くし、朝になる場面でまた明るく戻すといいでしょう。

おじいさん、起き上がり、あたりを見まわす。

鬼たち、手に酒を持って浮かれた感じで上手から登場。おじいさんは木の陰に隠れる。

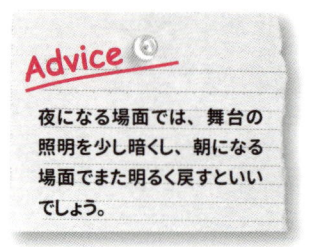

♪効果音	**TRACK 37 鬼たちが現れる音** 📖 楽譜 P.74
おじいさん	うわあ、鬼だ！　ど、どうしよう・・・。
♪効果音	**TRACK 38 怖がる音** 📖 楽譜 P.74
鬼①	今日も、おいらたちの時間がきたぜ。
鬼②	今夜も楽しく飲んで歌って踊って、盛り上がろうぜ。
鬼③	うひょ、うひょ〜！

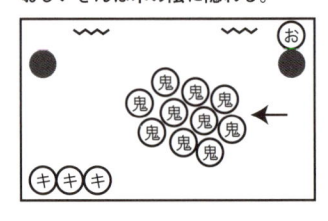

鬼たち、酒を置き、舞台中央にバラバラに立って、踊りながら歌う。

♪歌 （鬼全員）	**TRACK 34-35 鬼の踊り** 📖 楽譜 P.73

おにの　おどりだ　すってけてん　（ヨッ）
てけてけ　すってけ　すってけてん　（ホッ）
ようきに　うたって　おどろうぜ
よどおし　うたって　おどろうぜ
おにの　おどりだ　すってけてん　（ヨッ）
てけてけ　すってけ　すってけてん

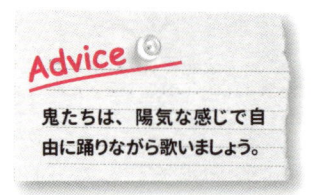

Advice

鬼たちは、陽気な感じで自由に踊りながら歌いましょう。

キツネ①	鬼たちは、陽気に歌い、踊り出しました。
おじいさん	鬼は怖いけど、でも、なんだか楽しい気分になってきたぞ。
キツネ②	すると、おじいさんもつられて、踊り出してしまいました。
おじいさん	てけてけ、すってけ、すってけてん♪

おじいさん、鬼たちのところに歌って踊りながら近づく。

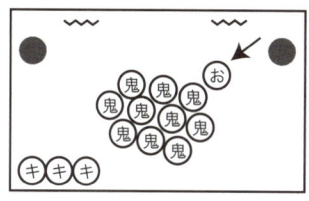

鬼④	おや、じいさん、どこから来たんだ?
鬼⑤	歌がうまいじゃないか。
鬼⑥	踊りも見事なもんだ。
おじいさん	それは、ありがとうございます。
鬼⑦	じゃあ、じいさんを交えて、もう一度歌って踊ろうぜ。

♪歌
（おじいさん、
鬼全員）

🔴 TRACK 34-35　鬼の踊り　　📖 楽譜 P.73

おにの　おどりだ　すってけてん　（ヨッ）
てけてけ　すってけ　すってけてん　（ホッ）
ようきに　うたって　おどろうぜ
よどおし　うたって　おどろうぜ
おにの　おどりだ　すってけてん　（ヨッ）
てけてけ　すってけ　すってけてん

おじいさん、鬼たち、舞台中央で
自由に踊りながら歌う。

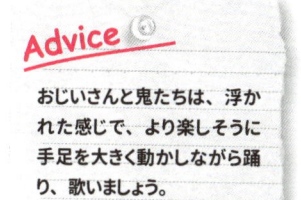

Advice

おじいさんと鬼たちは、浮かれた感じで、より楽しそうに手足を大きく動かしながら踊り、歌いましょう。

キツネ③	鬼たちは、すっかりおじいさんの歌や踊りを気に入って、楽しい気分になりました。
鬼⑧	今夜はとびきり楽しいなあ。
鬼⑨	じいさんのおかげだな。
おじいさん	わしも、すごく楽しいよ。

Advice

おじいさん、少し高めの声でセリフを言い、楽しい気持ちを大げさに表現しましょう。

キツネ①	そして、おじいさんと鬼たちは、時間を忘れて酒を飲み、歌い踊り続けました。
キツネ②	やがて、夜が明けて、うっすらと明るくなってきました。
キツネ③	そして、ニワトリがやって来ました。
ニワトリ	さあて、夜が明けたから、鳴くとするか。 コケコッコー!

ニワトリ、上手から登場。

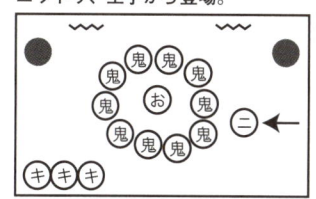

TRACK 39 ニワトリが鳴く音

📖 楽譜 P.74

鬼⑩	あっ、ニワトリが鳴いたぞ。
鬼①	そろそろ、帰らないと！

鬼たち、ニワトリの方を見る。

キツネ①　朝になると、鬼たちは森の奥に帰らなくてはならないようです。

おじいさん　ああ、もう夜が明けるのか。

おじいさん、あたりを見まわす。

鬼②	おい、じいさん。今夜もまた踊りに来いよ。
鬼③	必ずだぞ！
鬼④	それまで、このこぶは預かっておくからな。
	えいっ！

鬼④、おじいさんのこぶをもぎ取る。

TRACK 40 こぶをもぎ取る音

📖 楽譜 P.75

キツネ②　そう言うと、鬼はおじいさんのこぶをもぎ取りました。

おじいさん	いてて・・・。
	おお、こぶが取れた！

おじいさん、右のほっぺをおさえる。

キツネ③　そうして、鬼たちは森の奥に帰って行きました。

鬼たち、上手に下がる。

幕閉める

（幕　前）

おじいさん　鬼のおかげで、こぶが取れて、ほっぺがすっきりした。

おじいさん、下手から登場。

キツネ①	おじいさんが村に帰ると、となりのおじいさんがやって来ました。
キツネ②	となりのおじいさんには、左のほっぺに大きなこぶがありました。

となりのおじいさん、上手から登場し、おじいさんに近づく。

となりのおじいさん	おや、右のほっぺにあったこぶは、どうしたんじゃ?
キツネ③	おじいさんは、鬼たちのことを話しました。
となりのおじいさん	そんなことがあったのかい。 よし、じゃあわしも、鬼たちにほっぺのこぶを取ってもらおう。
キツネ①	話を聞いたとなりのおじいさんは、自分も鬼たちにこぶを取ってもらいたいと思いました。

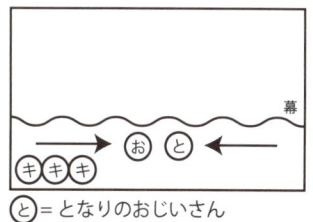

となりのおじいさんと、おじいさん、上手に下がる。

第2幕 - 幕開く

（山の中）

キツネ② **キツネ③**	その晩のことです。 となりのおじいさんは、山の中へ行き、鬼たちが来るまで木の陰に隠れて待っていました。
キツネ①	するとそこへ、鬼たちが現れました。

となりのおじいさん、上手から登場し、木の陰に隠れる。

♪**効果音**　🔴**37** 鬼たちが現れる音　📖 楽譜 P.74

鬼⑤ **鬼⑥** **鬼⑦**	今日も、おいらたちの時間がきたぜ。 今夜も楽しく歌って踊って、盛り上がろうぜ。 うひょ、うひょ〜!
となりのおじいさん	おお、鬼たちが現れたぞ。 でも、怖いなあ・・・。どうしよう・・・。

鬼たち、浮かれた感じで上手から登場。

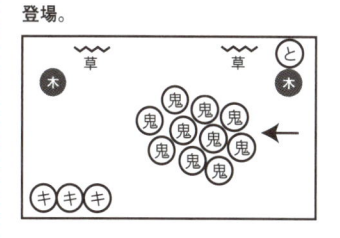

となりのおじいさん、木の陰から鬼たちを見ている。

♪**効果音**　🔴**38** 怖がる音　📖 楽譜 P.74

♪歌

（鬼全員）

TRACK 34-35　鬼の踊り　　📖 楽譜 P.73

> おにの　おどりだ　すってけてん　（ヨッ）
> てけてけ　すってけ　すってけてん　（ホッ）
> ようきに　うたって　おどろうぜ
> よどおし　うたって　おどろうぜ
> おにの　おどりだ　すってけてん　（ヨッ）
> てけてけ　すってけ　すってけてん

鬼たち、舞台中央にバラバラに立って、踊りながら歌う。

となりのおじいさん　怖いけど、こぶを取ってもらうために、あそこで踊るぞ。
ええいっ！

となりのおじいさん　てけてけ、すってけ、すってけてん♪

キツネ②　となりのおじいさんは、勇気を出して鬼たちの前に出て、踊りました。

となりのおじいさん、鬼たちのところに近づき、踊りながら歌う。

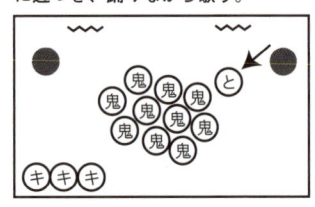

キツネ③　でも、鬼たちが怖くて、声が震えて、うまく歌えません。

キツネ①　足もガクガクしていて、うまく踊れません。

鬼⑧　あれ、じいさん、なんだその下手くそな歌と踊りは！

鬼⑨　夕べとはまるで違うじゃないか！

鬼⑩　夕べのように踊ってみろ！

Advice ①

となりのおじいさん、わざと音程を外して下手に歌い、おかしな動きで踊りましょう。

キツネ②　でも、となりのおじいさんは、やっぱりうまく踊れません。

鬼①　そんな下手くそな踊りは見たくないぞ。とっとと帰れ！

鬼②　これは返してやるわ！

キツネ③　鬼たちは、そう言うと、昨日のおじいさんのこぶを
となりのおじいさんの右のほっぺにペタンとつけました。

鬼②、舞台のどこかに置いておいたこぶを、となりのおじいさんの右のほっぺにつける。
こぶにはあらかじめ新しいテープをつけておく。

♪効果音

TRACK 41　こぶをくっつける音　　📖 楽譜 P.75

となりのおじいさん　ひえ〜っ！

鬼③　もう、二度と来るな！

となりのおじいさん、逃げるように走って、上手に下がる。

キツネ①　そういうわけで、となりのおじいさんは、こぶがふたつになってしまいました。

キツネ②　そして、泣きながら村に帰って行きました。

キツネ③　かわいそうにね。

鬼の踊り

作詞／作曲：井上明美

TR.34：歌入り
TR.35：カラオケ

♩=112

おにの　おどりだ　すっ　て　けてん（ヨッ）　て　けて　けすっ　て　け　すっ　て　けてん（ホッ）

ようき　にうたって　おどろ　うぜ　　よどお　しうたって　おどろ　うぜ

前奏

おにの　おどりだ　すっ　て　けてん（ヨッ）　て　けて　けすっ　て　け　すっ　て　けてん

73

TR.36 キツネたちが喜ぶ音

TR.37 鬼たちが現れる音

TR.38 怖がる音

TR.39 ニワトリが鳴く音

74

TR.40 こぶをもぎ取る音

TR.41 こぶをくっつける音

COLUMN

👆 劇あそびに関するワンポイントアドバイス②

●セリフの言いまわし

　セリフの言いまわしは、シナリオ通りでなくても構いません。子どもの個性に合わせて言いまわしを変えることで、オリジナルの劇あそびになり、子どもたちは、より役になりきって演じることができるでしょう。

●歌

　劇あそびで歌う歌は、劇の練習のとき以外でも、普段の園生活の中でくり返し流しておくことで、子どもたちは歌を自然に覚え、口ずさめるようになるでしょう。

●書き割りや背景画

　書き割りや背景画などは、子どもたちと一緒に作りましょう。そうすることで、劇あそびへの意欲が高まるだけでなく、制作活動として、子どもたちの想像力や創造力を高めることにもつながるでしょう。

●キャストによるセリフの多少

　キャストによって、登場場面の多少やセリフの多少があっても、出演者全員の演技でひとつの作品になることを子どもたちに伝えてあげると、劇あそびへの意欲がいっそう高まるでしょう。

グリム童話
小人と靴屋さん

【対象年齢】4〜5歳児　CD 42-48

あらすじ

昔あるところに、とても貧乏な靴屋さんの夫婦がいました。あと1足分しか残っていない靴を作る皮を、作業台に置いて寝ました。その晩、どこからともなく小人たちが現れ、みんなで協力して靴を作り、夜が明ける前に帰って行きます。

朝になり、作業台の上にでき上がった靴を見た靴屋さんたちはびっくり。そこへ来たお客さんたちがその靴を高い金額で買ってくれました。そして、そのお金で2足分の皮を買い、作業台に置いて寝ると、また翌朝には、なんと2足の靴ができ上がっていたのです。

その2足も高い金額で売れ、今度は4足分の皮を買うことができました。

そんなことが続き、靴屋さんたちは少しずつお金持ちになっていきました。そして、誰が作っているのか知りたくなり、こっそり見ることに。そこへ小人たちが現れ、靴を作って、帰って行きます。靴屋さんたちは、とてもありがたく思い、お礼に靴と服を作り、作業台に置いておきました。そこへ現れた小人たちは、自分たち用の靴と服を身につけると、嬉しそうにどこかに消えて行きました。それからというもの、小人たちはもう二度と現れなくなり、靴屋さんたちは靴がたくさん売れ、いつまでも幸せに暮らしました。

キャスト

主人（1人）
黒いニット帽に、グレーの毛糸の髪をつける。丸メガネをかけ、グレーのTシャツに黒の腕カバーをする。紺のエプロンに黒いパンツとルームソックス。

おかみさん（1人）
シニヨンに髪をまとめる。丸メガネをかけ、白いブラウスに長めの黒いスカート。ベージュのエプロンにルームソックス。

＜いつもの姿＞
白いポンポンをつけた赤い三角帽をかぶり、大きめのグレーのTシャツ。素足。

小人（9〜13人）

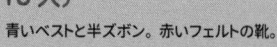

＜靴をはき、服を着たところ＞
青いベストと半ズボン。赤いフェルトの靴。

76

●店のドア

段ボール板で作り、色をつける。段ボールか大きな積み木で支える。

●棚

●作業台

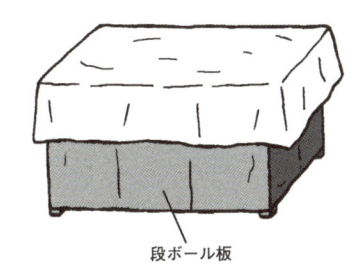

段ボール板

長テーブルの前と横を段ボール板でおおい、白いテーブルクロスをかける。

●皮

フェルトを使用。

●お金

おもちゃのお金を使用。

●革靴

本物を使用。

●はさみと針と糸

段ボールで作り、アルミホイルを巻いたり、色をつける。

●小人の靴と服

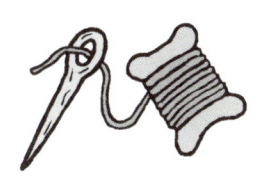

キャストと同じ衣装。

●トンカチ

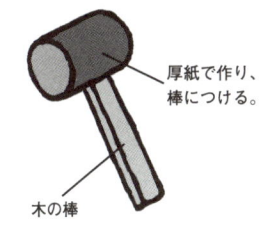

厚紙で作り、棒につける。

木の棒

＜男＞

客（2人）

鼻の下にひげをつける。白いシャツにグレーのスーツ。しまの蝶ネクタイ。黒い靴。

＜女＞

グレーの帽子をかぶり、イヤリングをつける。白いブラウスに紺のスーツ。黒いエナメルの靴にハンドバッグを持つ。

ナレーター（3人）

紺のブレザーとパンツ。金の蝶ネクタイ。白いハイソックスに黒い靴。

第1幕

（靴屋さんの店）

ナレーター①
ナレーター②
ナレーター③

昔あるところに、とても貧乏な靴屋さんの夫婦がいました。
一生懸命働いているのに、お金がありません。
靴を作る皮も、あと1足分しか残っていませんでした。

主人

よし、明日この皮で靴を作ろう。最後の1足分だから、いい靴を作らないとな。

おかみさん

そうですね。じゃあ、今日はそろそろ寝ましょう。

（少し間）

ナレーター①
ナレーター②

その晩のことです。
どこからともなく、小人たちがやって来ました。

♪効果音

46 TRACK 小人たちが現れる音　　　📖 楽譜 P.87

♪歌

（小人全員）

42-43 TRACK 小人の歌　　　📖 楽譜 P.85

ぼくたち　なかよし　こびとの　なかま
よなかに　おきだす　こびとの　なかま
みんなで　あそぶの　だいすき
たのしい　ことが　だいすき
ぼくたち　げんきな　こびとの　なかま

主人とおかみさん、舞台中央の作業台のところに立っている。

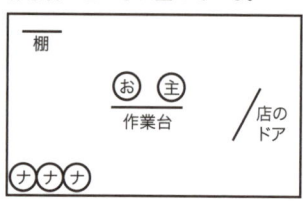

主人とおかみさん、下手に下がる。

Advice
夜になる場面では、舞台の照明を少し暗くし、朝になる場面では、また明るく戻すといいでしょう。

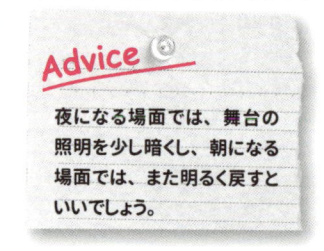

小人たち、上手から登場し、舞台中央でバラバラに立って歌う。

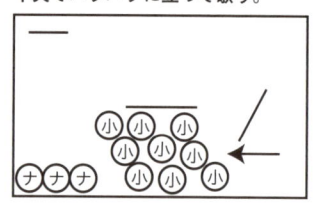

Advice
小人たち、登場する際は手足を大きく動かして、陽気な雰囲気を演出しましょう。

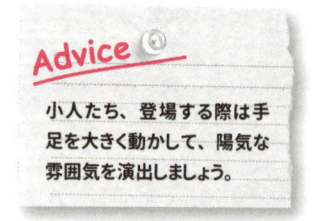

小人①	ここは靴屋さんだね。
小人②	あっ、靴を作る皮が置いてあるぞ。
小人③	でも、これじゃあ1足分しかないよね。
小人④	靴屋さんなのに、棚に靴が並んでいないね。
小人⑤	きっと、貧乏な靴屋さんなんだよ。
小人⑥	じゃあ、これが最後の靴の皮なのかな?
小人⑦	きっと、そうだね。
小人⑧	かわいそうだね。
小人⑨	じゃあ、ぼくたちでかっこいい靴を作ってあげようよ!
小人①〜⑧	うん、そうしよう!
ナレーター③	そうして小人たちは、靴を作ることにしました。
小人①	ここにはさみがあるよ。
小人②	トンカチもあるよ。
小人③	針と糸もあるよ。
小人④	それじゃあ、みんなで靴を作ろう!
小人全員	オー!

♪歌
(小人全員)

TRACK 44-45　靴をつくろう　楽譜 P.86

くつを　つくろう　すてきな　くつを
トントン　たたいて　チクチク　ぬって
くつを　つくろう　こころを　こめて
すてきな　くつを　つくろうよ

ナレーター①	小人たちは、一生懸命、靴を作りました。
小人⑤	靴ができたぞ!
小人⑥	かっこいい靴ができたね!
小人全員	やったー!
小人⑦	靴屋さん、喜んでくれるかな?
小人⑧	きっと、喜んでくれるよ!
小人⑨	あっ、そろそろ夜が明けるから、帰らなくちゃね。
小人①〜⑧	うん。
ナレーター②	そう言うと、小人たちはどこかに帰って行きました。
ナレーター③	そして、朝になって、靴屋さんたちが起きてきました。

小人②、作業台のところに行き、あらかじめ作業台の上に置いておいた皮を持ち上げてセリフを言う。

小人④は、棚を指さして、セリフを言う。

小人①〜③は、あらかじめ作業台の裏に置いておいたはさみやトンカチ、針と糸を取り出してセリフを言う。

小人たち、作業台のまわりにバラバラに立ち、はさみやトンカチ、針と糸を動かしながら、陽気に歌う。

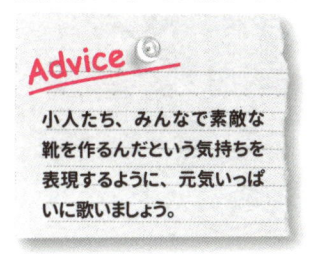

Advice

小人たち、みんなで素敵な靴を作るんだという気持ちを表現するように、元気いっぱいに歌いましょう。

小人⑤は、皮を作業台の裏に隠し、あらかじめ裏に置いておいた靴を持ち上げて、セリフを言う。

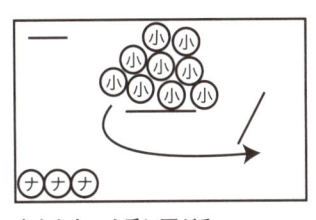

小人たち、上手に下がる。

主人	さて、最後の1足を仕上げるか。
おかみさん	あらっ、靴ができてる!
主人	これはなんと!

 ♪効果音

TRACK 47 驚きの音 📖 **楽譜 P.87**

おかみさん	しかも、なんて素敵な靴なんでしょう!
主人	いったい、誰が作ったんだろう?
おかみさん	不思議なことが、あるものですね。
ナレーター①	するとそこへ、お客さんがやって来ました。
客①②	ごめんください。
主人	あっ、いらっしゃいませ。
客①	靴を買いに来ました。
おかみさん	今日は、この1足しかないんです。
客②	わあ、なんて素敵な靴!
客①	こんなに素晴らしい靴は、見たことがない!

 ♪効果音

TRACK 47 驚きの音 📖 **楽譜 P.87**

客①	ぜひこの靴をください!
客②	あなた、いい靴があって、よかったわね!
客①	うん、そうだな。
主人	ありがとうございます!
ナレーター②	するとお客さんは、ポケットからたくさんのお金を出しました。
客①	これで売ってください。
おかみさん	こんなにたくさんいただいて、いいんですか?
客②	いいんですよ。だから、またいい靴を作ってください。
主人	それは、ありがたい。
主人、おかみさん	ありがとうございます!
客①	こちらこそ、ありがたいですよ。
客②	それじゃあ、失礼します。

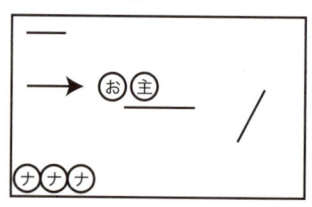

主人とおかみさん、下手から登場し、作業台に近づく。

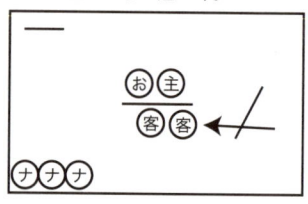

客たち、上手から登場し、ドアを開けて、主人たちに近づく。

おかみさん、靴を取り上げて、客たちに見せる。

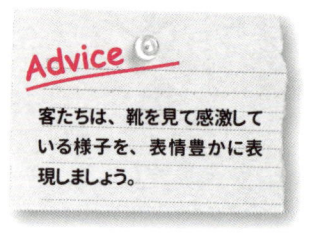

Advice

客たちは、靴を見て感激している様子を、表情豊かに表現しましょう。

客①は、あらかじめポケットに入れておいたお金を取り出して、主人に渡す。

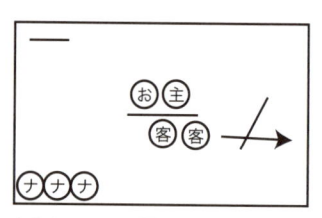

客たち、ドアを開けて外に出て、上手に下がる。

ナレーター③	靴は、いつもよりとても高い値段で売れました。
主人 おかみさん	これだけあれば、2足分の皮が買えるな。 嬉しいですね！

主人は手に持ったお金を見ながら、セリフを言う。

♪効果音	**TRACK 48 喜びの音** 　　　📖 楽譜 P.87
ナレーター①	靴屋さんたちは、とても喜びました。
ナレーター②	そして、靴屋さんたちは、2足分の皮を買いに行きました。

幕閉める

（幕　前）

主人	またお客さんに喜んでもらえるように、この皮で、ていねいに靴を作ろう。
おかみさん	ええ、そうしましょう。
ナレーター③	ご主人たちは、とっても嬉しそうに、2足分の皮を買うと、お店に戻って行きました。
ナレーター① ナレーター②	そして、買ってきた皮を作業台に置いて、その晩は寝ました。 すると、朝起きると、今度は靴が2足でき上がっていました。
ナレーター③	その2足も高い値段で売れて、今度は4足分の皮を買うことができました。
ナレーター①	そんなことが続いて、靴屋さんたちは、少しずつお金持ちになっていきました。
ナレーター②	靴屋さんたちは、いったい誰が靴を作っているのか、とても知りたくなりました。

主人とおかみさん、皮を持って下手から登場。
セリフを言った後、上手に下がる。

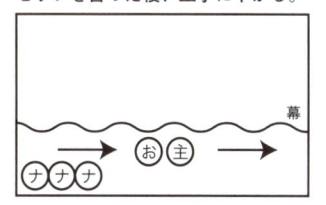

（靴屋さんの店）

主人
おかみさん

誰が靴を作っているのか、今夜は寝ないで見ていよう。
そうね、そうしましょう。

ナレーター③

靴屋さんたちは、こっそり見ていることにしました。

ナレーター①

やがて夜になると、小人たちが現れました。

♪効果音

TRACK 46 小人たちが現れる音　　📖楽譜 P.87

♪歌
（小人全員）

TRACK 42-43 小人の歌　　📖楽譜 P.85

ぼくたち　なかよし　こびとの　なかま
よなかに　おきだす　こびとの　なかま
みんなで　あそぶの　だいすき
たのしい　ことが　だいすき
ぼくたち　げんきな　こびとの　なかま

小人①
小人②
小人③
小人④
小人⑤
小人⑥

さあ、今夜も靴を作ろう!
あ、今日は皮がたくさんあるぞ。
じゃあ、一生懸命作らなくちゃね。
朝までに仕上げないとね!
頑張るぞ!
オー!

ナレーター②
ナレーター③

そして、小人たちは靴を作り始めました。
靴屋さんたちは、その様子を陰からじっと見ていました。

主人とおかみさん、作業台のところに立ち、セリフを言い、その後、棚の後ろに隠れる。

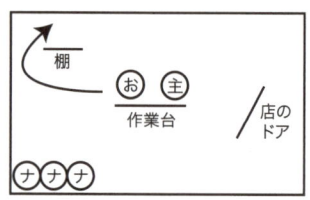

小人たち、陽気な感じで上手から登場し、舞台中央でバラバラに立って歌う。

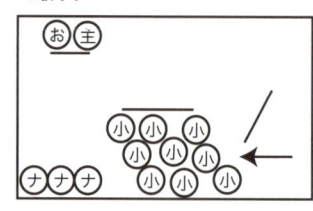

小人②、あらかじめ作業台の上に置いておいた皮を持ち上げ、セリフを言う。

主人とおかみさん、棚の陰から小人たちの様子を見ている。

♪歌
(小人全員)

44-45 靴をつくろう　　　　📖 楽譜 P.86

くつを　つくろう　すてきな　くつを
トントン　たたいて　チクチク　ぬって
くつを　つくろう　こころを　こめて
すてきな　くつを　つくろうよ

小人たち、作業台のまわりにバラバラに立ち、はさみやトンカチ、針と糸を動かしながら、陽気に歌う。

小人⑦　　靴ができたぞ!
小人⑧　　今日も、かっこいい靴ができたね!
小人全員　やったー!

小人⑨　　あっ、そろそろ夜が明けるから、帰らなくちゃね。
小人①〜⑧　うん。

ナレーター①　そう言うと、小人たちはどこかに帰って行きました。

小人⑦は、皮を作業台の裏に隠し、あらかじめ裏に置いておいた靴4足を持ち上げて、セリフを言う。

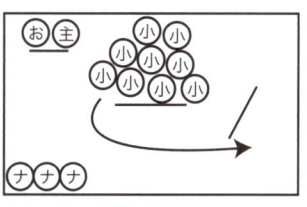

小人たち、上手に下がる。

主人　　　　靴を作っていたのは、小人さんたちだったのか。
おかみさん　ありがたいですね。何かお礼をしなくちゃね。
主人　　　　小人さんたち、靴をはいていなかったから、じゃあ靴を作ってあげよう。
おかみさん　私は、チョッキとズボンを作ってあげましょう。

ナレーター②　靴屋さんたちは、そう言うと、小人たちのために靴や服を作りました。

主人とおかみさん、棚の陰から出て来て、作業台に近づく。

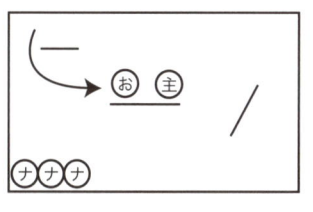

♪歌
(主人、おかみさん、
ナレーター全員)

44-45 靴をつくろう　　　　📖 楽譜 P.86

くつを　つくろう　すてきな　くつを
トントン　たたいて　チクチク　ぬって
くつを　つくろう　こころを　こめて
すてきな　くつを　つくろうよ

主人とおかみさん、作業台のところで、はさみやトンカチ、針と糸を動かしながら歌う。
ナレーターたちは、舞台左手前で歌う。

主人　　　　よし、靴ができたぞ!
おかみさん　私の方も、服ができましたよ。

主人とおかみさん、あらかじめ作業台の裏に隠しておいた小人の靴や服を取り出して、作業台に置く。

主人　　　　じゃあ、ここに置いておこう。
おかみさん　小人さんたち、気に入ってくれるといいわね。

セリフを言った後、主人とおかみさんは、棚の後ろに隠れる。

ナレーター③　やがて夜になると、小人たちが現れました。

♪効果音

TRACK 46 小人たちが現れる音　　📖 楽譜 P.87

小人たち、陽気な感じで上手から登場し、舞台中央でバラバラに立って歌う。

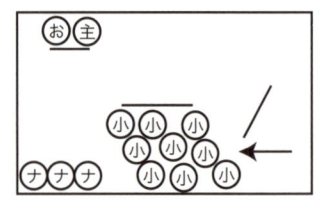

♪歌

（小人全員）

TRACK 42-43 小人の歌　　📖 楽譜 P.85

> ぼくたち　なかよし　こびとの　なかま
> よなかに　おきだす　こびとの　なかま
> みんなで　あそぶの　だいすき
> たのしい　ことが　だいすき
> ぼくたち　げんきな　こびとの　なかま

小人①　あれっ、小さい靴がたくさんあるぞ！
小人②　服もたくさんある！
小人③　もしかして、靴屋さんからのプレゼントかな？
小人④　きっと、そうだよ！
小人⑤　ちょっと靴をはいてみよう！
小人⑥　服も着てみよう！

小人たち、作業台に近づき、靴や服を持ち上げて、セリフを言う。

小人⑦　わあ、靴も服もぴったりだ！
小人⑧　すごいね！
小人⑨　かっこいいね！

小人たち、チョッキを着て、ズボンと靴をはく。

Advice
小人たちは、元気いっぱいにセリフを言い、嬉しい様子を大げさに表現しましょう。

♪効果音

TRACK 48 喜びの音　　📖 楽譜 P.87

小人全員　嬉しいね！

小人全員　ランラ、ランラ、ラン・・・。

ナレーター①　小人たちは、飛んだり跳ねたりしながら、嬉しそうにどこかに消えて行きました。

小人たち、飛び跳ねながら上手に下がる。

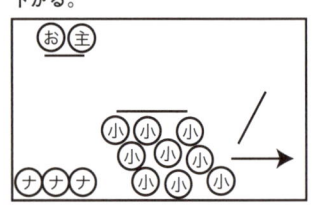

主人　小人さんたち、喜んでくれたね。
おかみさん　よかったですね！

主人とおかみさん、棚の陰から出てきてセリフを言う。

ナレーター②　それからというもの、小人たちはもう二度と現れなくなりました。
ナレーター③　でも、靴屋さんたちは、靴がたくさん売れるようになって、いつまでも幸せに暮らしたそうですよ。

ナレーター全員　よかったね！

小人の歌

作詞／作曲：井上明美

TR.42：歌入り
TR.43：カラオケ

靴をつくろう

作詞／作曲：井上明美

TR.44：歌入り
TR.45：カラオケ

く　つ　を　　つくろう　　すてき　な　　く　つ　を

トントン　　たたいて　　チクチク　　ぬって

く　つ　を　　つくろう　　こころ　を　　こめて

前奏

すてき　な　　く　つ　を　　つくろう　　よ

TR.46 小人たちが現れる音

TR.47 驚きの音

TR.48 喜びの音

ウサギとカメ

【対象年齢】4〜5歳児　CD 49-56

あ ら す じ

ある日、カメたちが野原に散歩にやって来ました。カメたちがゆっくり歩いていると、ウサギたちがピョンピョン飛び跳ねながらやって来ます。歩みが遅いカメたちを見たウサギたちは、大笑いします。ショックを受けるカメたち。そこへ、キツネたちがやって来ました。カメたちは、ウサギたちが笑うことを話し、ウサギたちは足が速いけれど、競争したら自分たちが勝つかもしれないと言います。それを聞いて、さらに大笑いするウサギたち。そこで、キツネたちの提案で、山の頂上まで競争することにしました。

ウサギたちはピョンピョン飛び跳ねながら、どんどん進んで行きます。そして、カメたちの姿が見えなくなったところで、勝負にならないと思い、昼寝をすることにしました。リスたちが心配して起こしても、ウサギたちは起きません。

カメたちは、応援してくれるキツネたちとともに、ゆっくりでも懸命に進み、やがて、ウサギたちが昼寝をしているところまでやって来ました。そして、休むことなく進んでウサギたちを追い越し、先に頂上までたどり着き、競争はカメたちの勝ちとなりました。

キャスト

ウサギ（5〜7人）

カチューシャにウサギの耳（中はピンク）をつける。白いTシャツに白いサテン地のボレロ。白いバルーンパンツにボンボンのしっぽをつける。白いタイツ。

カメ（5〜7人）

カメのお面をつける。緑のTシャツとパンツ。厚紙で甲らを作り、緑にぬって背負う。緑のタイツ。

●木

●草

●花

●頂上

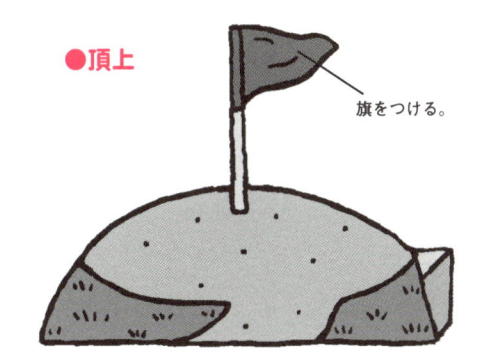

旗をつける。

段ボール板で作り、色をつける。
段ボールか大きな積み木で支える。

●山の絵

板目紙に描く。舞台背景につける。

キツネ（3〜4人）
キツネのお面をつける。黄土色のTシャツにパンツ。フェルトに綿を詰めた
しっぽに茶のタイツ。

リス兼ナレーター（3人）
茶の不織布の帽子にリスの顔をつける。茶のTシャツにパンツ。フェルトに綿
を詰めたしっぽにこげ茶のしま模様をつける。茶のタイツ。

第1幕

（野原）

リス①
（リス①～③はナレーター兼）

ある日、カメたちが野原に散歩にやって来ました。

カメたち、ゆっくりと上手から登場。

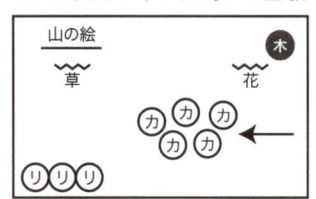

♪効果音

TRACK 51　カメたちがやって来る音　📖 楽譜 P.96

カメ① 今日はいい天気だね。
カメ② 青空がまぶしいね。
カメ③ 空気もおいしいね。
カメ④ 野原は、花もたくさん咲いていてきれいだね。
カメ⑤ 今日みたいな日は、散歩が楽しいね。

Advice

カメたちは、ゆったりとした雰囲気を出すために、セリフもゆっくり言いましょう。

リス② カメたちは、ゆ〜っくり歩いています。
リス③ そこへ、ウサギたちがピョンピョン飛び跳ねながら、やって来ました。

ウサギたち、スキップをしたり、飛び跳ねながら上手から登場。

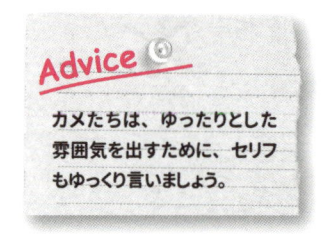

♪効果音

TRACK 52　ウサギたちがやって来る音　📖 楽譜 P.97

ウサギ① 今日は何してあそぼうか？
ウサギ② そうだね・・・。
ウサギ③ あっ、カメさんたちだ。
ウサギ④ やあ、カメさんたち、こんにちは！

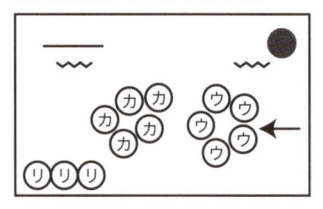

ウサギたち、カメたちのところに近づく。

カメ全員 こんにちは！

ウサギ⑤ カメさんたち、そんなにゆっくり歩いて、何してるの？
カメ① 散歩だよ。

ウサギ①	へえ、散歩ねえ・・・。
ウサギ②	それにしても、カメさんたちは、ずいぶん足が遅いんだね。
ウサギ③	ぼくたちみたいにピョンピョン飛び跳ねることができないから、
	仕方ないのかな。
ウサギ全員	アハハハ・・・。
カメ②	そんなに笑うことないのに・・・。

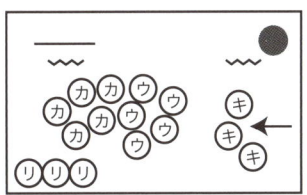

Advice

ウサギたちは、カメたちに向かって、偉そうにセリフを言うとおもしろいでしょう。

♪効果音　TRACK 53　カメたちがショックを受ける音　📖 楽譜 P.97

リス①	ウサギたちは、カメたちを見て大笑いしました。
リス②	そこへ、キツネたちがやって来ました。
キツネ①	おやおや、カメさんとウサギさんたち。
キツネ②	こんにちは！
カメ、ウサギ全員	こんにちは！

キツネたち、上手から登場し、ウサギたちのところに近づく。

キツネ③	皆さんお集まりで、どうしたんですか？
カメ③	私たちカメは足が遅いって、ウサギさんたちが笑うんですよ。
カメ④	そんなことないのに・・・。
カメ⑤	ウサギさんたちは足が速いかもしれないけど、競争したら、
	私たちが勝つかもしれませんよ。
ウサギ④	えっ、ぼくたちに勝つって？
ウサギ⑤	そんなわけないでしょ。
ウサギ全員	ワーッハッハ・・・！

ウサギたち、大笑いをする。

♪効果音　TRACK 53　カメたちがショックを受ける音　📖 楽譜 P.97

カメ①	また、そんなに笑って、ひどい・・・。
キツネ①	じゃあ、本当に競争してみたらどう？
キツネ②	そうそう！　競争してみないとわからないよね。
ウサギ①	よし、じゃあ、あの山の頂上まで、どちらが先に着くか競争しよう！
カメ全員	いいよ！
リス③	そういうわけで、ウサギとカメたちは、山の頂上まで競争することに
	なりました。

ウサギ①、山の頂上を指さして言う。

TRACK 49-50　兎と亀　　📖 楽譜 P.96

カメ、ウサギ、キツネ全員が舞台中央にバラバラに立って歌う。

もしもし　かめよ　かめさんよ
せかいの　うちに　おまえほど
あゆみの　のろい　ものはない
どうして　そんなに　のろいのか

なんと　おっしゃる　うさぎさん
そんなら　おまえと　かけくらべ
むこうの　こやまの　ふもとまで
どちらが　さきに　かけつくか

キツネ③　　それでは、位置について・・・。
キツネ全員　　よーい、ドン！

TRACK 54　競争する音楽　　📖 楽譜 P.97

カメ、ウサギたちは、同じような位置に立ち、下手に向かって、徒競走のスタートのように腕を構える。

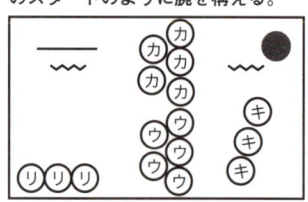

ウサギ②　　ぼくたちが勝つに決まってるよね。
ウサギ③　　競争するまでもないよね。
ウサギ全員　　アッハッハ・・・。

リス①　　ウサギたちは、ピョンピョン飛び跳ねながら、どんどん進んで行きました。

ウサギたち、スキップをしたり飛び跳ねながら、下手に下がる。

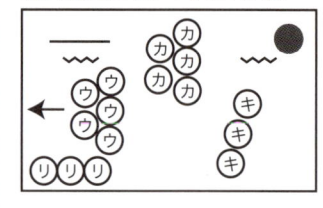

カメ②　　ウサギさんたち、やっぱりすごく足が速いなあ。
カメ③　　私たち、本当に勝てるのかしら？
キツネ①　　最後までわからないですよ。
キツネ②　　ぼくたちも応援するから、頑張って！

カメ全員　　ありがとう！

幕閉める

（幕　前）

ウサギ④	カメさんたち、もう見えなくなっちゃったよ。
ウサギ⑤	カメさんたちは足が遅すぎて、勝負にならないよね。
ウサギ全員	アッハッハ・・・。
リス②	ウサギたちは、カメたちをずいぶん引き離して、先に進みました。
リス③	しばらくしてから、カメたちがやって来ました。
カメ④	ウサギさんたち、見えなくなっちゃったなあ。
カメ⑤	もうすぐ頂上に着くのかなあ・・・。
キツネ③	カメさんたちも、頑張って!
カメ全員	うん!
リス①	キツネたちは、カメたちを応援して、ついて行きました。

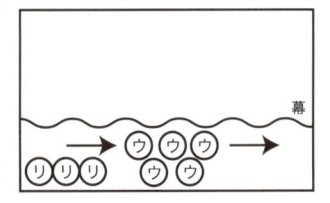

ウサギたち、スキップをしたり、飛び跳ねながら、下手から登場し、上手に下がる。

カメとキツネたち、下手からゆっくり登場。

カメとキツネたち、上手に下がる。

第2幕 - 幕開く

（野　原）

♪効果音　　**TRACK 52**　**ウサギたちがやって来る音**　📖 **楽譜 P.97**

リス②	ウサギたちは、山の頂上に近づいてきました。
ウサギ①	もうすぐ頂上だね。
ウサギ②	カメさんたち、まだまだ来ないだろうね。
ウサギ③	やっぱり、ぼくたちの楽勝だね。
ウサギ④	ちょっと疲れたから、昼寝でもするか。
ウサギ⑤	そうだな、そうしよう!

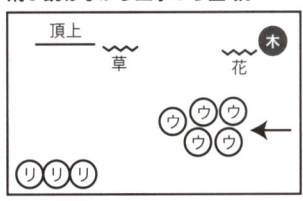

ウサギたち、スキップをしたり、飛び跳ねながら上手から登場。

リス③	そうして、ウサギたちは昼寝をすることにしました。
ウサギ全員	ガア、ガア、グー、グー・・・。
	（少し間）

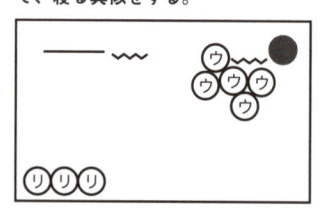

ウサギたち、花の書き割りのところで、寝る真似をする。

リス①	ウサギたちは、すっかり寝入ってしまったようです。
リス②	そうしているうちに、カメさんたちがやって来るかもしれないのにね。
リス③	ちょっと、ウサギたちを起こしに行ってあげようか？
リス①、②	そうだね。
リス①	ちょっとウサギさんたち、そろそろ起きた方がいいんじゃない？
リス②	そんなにぐっすり昼寝してたら、カメさんたちが来ちゃうよ。
リス③	そうだよ。
リス全員	起きなさーい！
ウサギ①	うるさいなあ！
ウサギ②	昼寝の邪魔をしないでくれよ。
ウサギ③	カメさんたちは、遅いんだから、まだまだ来ないよ。
ウサギ④	いい気持ちで寝てるんだから・・・。
ウサギ⑤	もうちょっと寝かせてくれよ。
ウサギ全員	ガア、ガア、グー、グー・・・。
リス①	ウサギさんたち、全然起きないね。
リス②	ダメだ、こりゃ。
リス③	じゃあ、ほっときましょう。

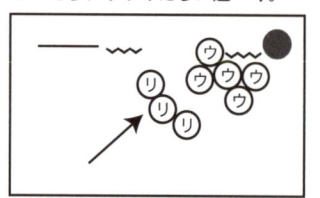

リスたち、ウサギたちに近づく。

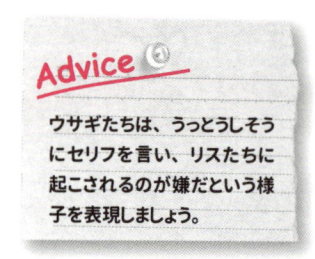

Advice

ウサギたちは、うっとうしそうにセリフを言い、リスたちに起こされるのが嫌だという様子を表現しましょう。

♪効果音	**TRACK 51 カメたちがやって来る音**　楽譜 P.96
カメ①	あっ、頂上が見えてきたよ！
リス①	カメたちがやって来たようですね。
カメ②	あれっ、ウサギさんたちが寝てる。
カメ③	昼寝しているんだね。
キツネ①	どうせ、自分たちが勝つと思って、油断してるな。
カメ④	私たちは、先を急ぎましょう。
リス②	そうして、カメたちは一生懸命歩いて、頂上に着きました。

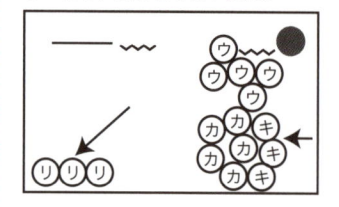

リスたち、舞台左手前に戻る。

カメとキツネたち、上手からゆっくり登場し、ウサギたちを見る。

カメとキツネたち、頂上までゆっくり歩く。

カメ⑤	やった、頂上に着いたよ！
カメ全員	着いた〜！
キツネ②	やったね、カメさんたちの勝ちだね！
カメ全員	やった〜！！

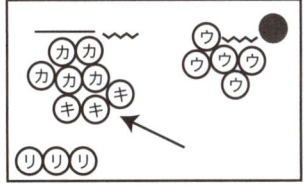

カメとキツネたち、頂上のところに行く。

カメたち、両手を上げて喜ぶ。

♪効果音

TRACK 55 喜びの音　　📖 楽譜 P.97

ウサギ①	ムニャムニャ、何を騒いでいるんだ？
ウサギ②	ムニャムニャ、あれは、カメさんたちの声？
ウサギ③	誰が勝ったって？
ウサギ④	もしかして、カメさんたち、頂上に着いたの？
ウサギ⑤	うそ・・・。
リス③	カメたちが喜んでいる声で、ウサギたちが目を覚ましたようですね。
カメ①	私たちが先に頂上に着きましたよ！
キツネ③	カメさんたちの勝ちですね！
ウサギ全員	えーっ!?　やられた・・・。

ウサギたち、目をこすりながら、眠そうにセリフを言う。

ウサギたち、起き上がって、カメたちの方を見る。

Advice

ウサギたちは、両手で頭を抱えてセリフを言い、ショックな様子を演出しましょう。

♪効果音

TRACK 56 衝撃の音　　📖 楽譜 P.97

リス①	競争は、カメたちが勝ちましたね。
リス②	ウサギたちが昼寝をしている間に、カメたちは一生懸命歩き続けましたからね。
リス③	それからというもの、ウサギたちは、足の遅いカメたちを見ても笑わなくなったそうですよ。
リス①	よかったね！

♪歌

（全員）

TRACK 49-50 兎と亀　　📖 楽譜 P.96

もしもし　かめよ　かめさんよ
せかいの　うちに　おまえほど
あゆみの　のろい　ものはない
どうして　そんなに　のろいのか

なんと　おっしゃる　うさぎさん
そんなら　おまえと　かけくらべ
むこうの　こやまの　ふもとまで
どちらが　さきに　かけつくか

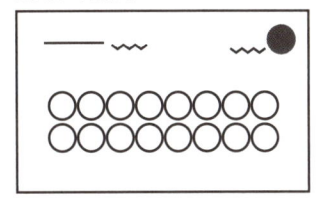

全員が再登場し、舞台中央で整列して歌う。

リス②	これで、「ウサギとカメ」のお話は
リス③	おしまい。

兎と亀

作詞：石原和三郎／作曲：納所弁次郎

TR.49：歌入り
TR.50：カラオケ

1. も　しも　し　かめよ　かめさんよ
2. な　ー　ん　と　おっしゃる　うさぎさん

せ　かい　の　う　ちに　おまえ　ほら　ど
そ　んな　ら　おまえ　と　かけく　ら　べ

あ　ゆみ　の　の　ろい　もの　は　ない　い
む　こう　の　こ　やま　の　ふもと　なま　で

前奏▶

ど　うし　らて　が　そんなに　のろい　の　かか
ど　ちら　が　さきに　ー　かけつく　か

TR.51　カメたちがやって来る音

TR.52　ウサギたちがやって来る音

TR.53　カメたちがショックを受ける音

TR.54　競争する音楽

TR.55　喜びの音

TR.56　衝撃の音

金のがちょう

【対象年齢】4〜5歳児　CD　57-64

あらすじ

昔あるところに、とても心の優しいハンスという若者がいました。ある日、ハンスが森に木を切りに行くと、小人が現れ「パンを一切れ、くださいませんか」と頼みます。ハンスが快くパンをあげると、小人はお礼に金のがちょうをくれました。

ハンスが、町を通って家に帰る途中のこと、宿屋の娘たちが、ハンスが抱き抱えている金のがちょうを触ろうと手をのばすと、手が離れなくなってしまいました。宿屋の主人やおかみさん、町の人たち、牧師さんも、次々に手が離れなくなってしまいます。

町の中をみんなつながったまま行列になって歩き、お城の前を通りかかったときのことです。おかしな行列を見て、お姫様は笑い出しました。笑うことのなかったお姫様の笑顔に王様は大喜びし、ハンスにお姫様と結婚してほしいと頼みました。

キャスト

ハンス（1人）
緑の帽子に茶のシャツ、茶のベルト。黄緑の綿の長いベストに茶のタイツ。茶のブーツ。

小人（2〜3人）
赤い不織布の帽子に白い毛糸の玉をつける。白いブラウスに白いフェルトのえりを貼った赤いベスト。紺の半ズボンに白いタイツ。

宿屋の娘（2〜3人）
ブラウスに白いエプロン、長いスカートをはく。

宿屋の主人（1人）
メガネにつけひげ。白いシャツに黒い綿のエプロン。紺のズボンをはく。

宿屋のおかみさん（1人）
白いブラウスに白いエプロン。長いスカートをはく。

●木

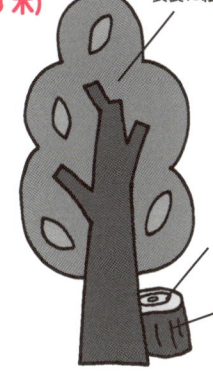

段ボール板で作り、色をつける。段ボールか大きな積み木で支える。

（倒す木）

表裏に絵を描く。

ここに金のがちょうをのせる。

いすに模造紙をかぶせ、切り株にする。

●草

●宿屋

●お城

扉を開けられるようにする。

●おの

板目紙で作り、棒につける。

●金のがちょう

金の布の中に綿を詰める。

黄色いフェルト

ステッチをかける。

●切り株

いすに茶の模造紙をかぶせ、模様を描く。

●町の風景

板目紙に描く。舞台背景につける。

●巾着袋

●フランスパン

●水筒

●聖書

巾着袋、フランスパン、水筒、聖書は本物を使用。

牧師（1人）

黒いフェルトの帽子に十字架のネックレス。黒の長いスモックに聖書を持ち、黒いタイツをはく。

町の人（3～4人）

白いシャツに黄土色の綿のベスト。茶のズボンにハイソックスをはく。

王様（1人）

金の紙を貼った王冠をかぶり、黄色い毛糸の髪。赤いマントに金のリボンのふちどりをする。黒いサテン地のズボンに白いタイツをはく。

お姫様（1人）

銀のティアラをつけ、白いブラウス、ピンクのサテン地のロングスカート。

家来（2～3人）

ベレー帽に羽をつける。赤いベスト、グレーのパンツに白いタイツをはく。

ナレーター（3人）

金のサテン地の大きめの蝶ネクタイ。紺のサテン地の上下。

第1幕

（森の中）

ナレーター①	昔、あるところに、ハンスという貧しい若者がいました。	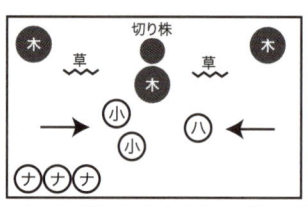
ナレーター②	人々は、おっとりしているハンスのことを笑い者にしていましたが、	
	本当は、とても心の優しい若者だったのです。	
ナレーター③	ハンスは、今日は森に木を切りに来ました。	
		ハンス、手におのを持ち、パンを入れた巾着袋と水筒を腰に下げて上手から登場。切る木を探すハンス。
ハンス	今日は、どの木を切ろうかな・・・。よし、この木にしよう。	
小人①	あのう、すみません。私たちは、お腹がすいて死にそうなんです。	小人たち、元気なく下手から登場し、ハンスに近づく。
小人②	パンを一切れ、くださいませんか。	
ハンス	これは小人さんたち。それはお気の毒に。こんな固いパンしか	ハンス、巾着袋からパンを取り出し、小人たちにさし出す。
	ありませんが、よかったらどうぞ、食べてください。	
小人全員	ありがとうございます！	小人たち、パンを受け取り、お辞儀をする。
小人全員	いただきます！	
小人①	パクパク・・・。おいしい！	パンを食べる真似をする。
小人②	モグモグ・・・。うん、とってもおいしい！	
ハンス	よかったら、この水もどうぞ。	ハンス、水筒のふたに水を注ぐ真似をしてさし出す。
小人全員	ありがとうございます！	小人たち、お辞儀をして水を受け取り、飲む真似をする。
小人①	ゴクゴク・・・。	
小人②	ゴクゴク・・・。	
小人全員	おいしかった！	
小人①	ありがとうございました。おかげで助かりました。	
ハンス	それはよかった。	

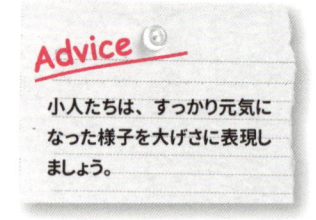

Advice

小人たちは、すっかり元気になった様子を大げさに表現しましょう。

小人②	あなたは、なんて優しい人なんでしょう。
小人①	お礼に、いいことをお教えしましょう。
小人②	あの木を切ってみてください。きっといいものが出てきますよ。
ハンス	いいものですか？　ありがとうございます！
	じゃあ、あの木を切ってみますね。

♪効果音　**TRACK 61** 木を切る音　📖楽譜 P.107

ハンス　わあ、金のがちょうだ！

♪効果音　**TRACK 62** 驚きの音　📖楽譜 P.107

♪歌
（ハンス、小人全員）　**TRACK 57-58** 金のがちょう　📖楽譜 P.107

> キラキラ　かがやく　きんのがちょう
> きんいろの　はねの　きんのがちょう
> こびとが　おれいに　くれたもの
> だれもが　ほしくなるような
> キラキラ　かがやく　きんのがちょう
> まばゆいばかりの　きんのがちょう

ハンス	小人さんたち、ありがとうございました！
ナレーター①	ハンスは、いいものをもらいましたね。
ナレーター②	いいことをしたごほうびですね。

小人②、舞台まん中の書き割りの木を指さす。

ハンス、その木に近づき、おので切る真似をして、書き割りを後ろから倒し、後ろの切り株に隠してあった金のがちょうを取り出す。

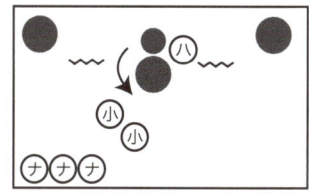

ハンスは金のがちょうを手に抱え、3人が舞台中央にバラバラに立って歌う。

Advice
ここはナレーターが一緒に歌ってもいいでしょう。

ハンス、お辞儀をして下手に下がる。

幕閉める

（幕　前）

ハンス	金のがちょうって、なんてきれいなんだろう。
	早く家に帰って、お母さんに見せてあげよう！

ハンス、金のがちょうを抱え、下手から登場し、上手に下がる。

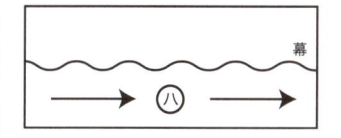

（町の中）

ナレーター③	ハンスが、町を通って家に帰る途中のことでした。	ハンス、上手から登場。 宿屋の娘たち、宿屋の書き割りの後ろから登場。
宿屋の娘①	何あれ。キラキラ輝いている！	
宿屋の娘②	金のがちょうよ！	
宿屋の娘全員	すごい！	
宿屋の娘①	ちょっと、見せてくださらない？	
ハンス	えっ？	

ハンス、上手から登場。
宿屋の娘たち、宿屋の書き割りの
後ろから登場。

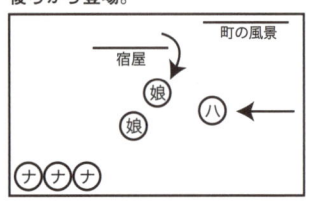

宿屋の娘①、ハンスの後ろから、
肩に手を乗せる。

♪効果音

TRACK 63 手がくっつく音 📖 楽譜 P.108

宿屋の娘①	あれっ、手がくっついて離れない！	宿屋の娘①、大きな声で驚く。
宿屋の娘②	どうしたの、お姉さん？	
宿屋の娘①	手がくっついちゃったの。	
宿屋の娘②	どうして？	宿屋の娘②、宿屋の娘①の後ろから、肩に手を乗せる。

♪効果音

TRACK 63 手がくっつく音 📖 楽譜 P.108

宿屋の娘②	あれっ、私の手もくっついちゃった！	宿屋の娘②、大きな声で驚く。
宿屋の主人	ふたりとも、どうしたんだね？	宿屋の主人、宿屋の書き割りの後ろから登場。
宿屋の娘全員	手がくっついちゃったの！	
宿屋の主人	なんだと？	宿屋の主人、宿屋の娘②の後ろから、肩に手を乗せる。

♪効果音

TRACK 63 手がくっつく音 📖 楽譜 P.108

宿屋の主人	あれっ、わしの手もくっついちゃった！	宿屋の主人、大きな声で驚く。
宿屋のおかみさん	何のさわぎです？	宿屋のおかみさん、宿屋の書き割り の後ろから登場。
宿屋の主人	手がくっついちゃったんだよ！	
宿屋のおかみさん	なんですって？	宿屋のおかみさん、宿屋の主人の 後ろから、肩に手を乗せる。

♪効果音

TRACK 63 手がくっつく音 📖 **楽譜 P.108**

宿屋のおかみさん	あれっ、私の手もくっついちゃった！	宿屋のおかみさん、大きな声で驚く。

♪歌
（行列の人全員）

行列の人全員、つながったまま
舞台をまわりながら歌う。

TRACK 59-60 おかしな行列 📖 **楽譜 P.108**

> くっついちゃって　はなれない
> きんのがちょうの　ぎょうれつは
> あっちに　こっちに　ぞろぞろ　ぞろぞろ
> つながったまま　よろよろ　よろよろ
> おかしな　おかしな　おかしな　おかしな
> ぎょうれつだ

Advice ①
よろよろしながら、ユーモラ
スに歩きましょう。

宿屋のおかみさん	誰か、なんとかして！	
町の人①	一体、どうしたんだい？	町の人①〜③、下手から登場。
宿屋のおかみさん	手がくっついちゃったんだよ！	
町の人①	なんだって？	町の人①、宿屋のおかみさんの後ろ から、肩に手を乗せる。

♪効果音

TRACK 63 手がくっつく音 📖 **楽譜 P.108**

町の人①	あれっ、私の手もくっついちゃった！	町の人①、大きな声で驚く。
町の人②	そんなばかな・・・。	町の人②、町の人①の後ろから、 肩に手を乗せる。

♪効果音

TRACK 63 手がくっつく音 📖 **楽譜 P.108**

町の人②	あれっ、私の手もくっついちゃった！	町の人②、大きな声で驚く。
町の人③	どれどれ？	町の人③、町の人②の後ろから、 肩に手を乗せる。

♪効果音

TRACK 63 手がくっつく音 📖 **楽譜 P.108**

町の人③	あれっ、私の手もくっついちゃった！	町の人③、大きな声で驚く。

牧師	なんだ、なんだ、この行列は!?	牧師、下手から登場。
町の人①	牧師さん、なんとかしてください!	
町の人②、③	手がくっついちゃったんです!	
牧師	よし、私が離してやろう!	牧師、行列に近づき、町の人③の後ろから、肩に手を乗せる。

♪効果音 | **TRACK 63 手がくっつく音** | 📖楽譜 P.108

牧師	あれっ、私の手もくっついちゃった!	牧師、大きな声で驚く。
行列全員	ひえっ〜!	行列がつながったまま、舞台を一周し、下手に下がる。
ナレーター①	あらまあ大変!	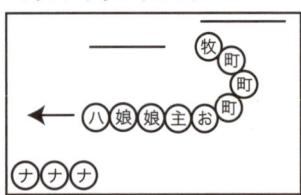
ナレーター②	みんな手がくっついて、離れなくなっちゃいましたね。	
ナレーター③	これから、どうなるんでしょうね?	

幕閉める

（幕　前）

♪歌

（行列の人全員）

TRACK 59-60 おかしな行列 | 📖楽譜 P.108

くっついちゃって　はなれない
きんのがちょうの　ぎょうれつは
あっちに　こっちに　ぞろぞろ　ぞろぞろ
つながったまま　よろよろ　よろよろ
おかしな　おかしな　おかしな　おかしな
ぎょうれつだ

行列の人全員、つながったまま下手から歌いながら登場し、よろよろしながら上手に下がる。

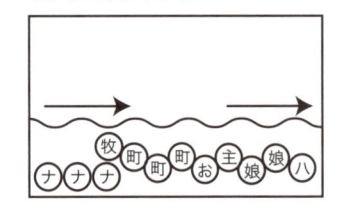

ナレーター①	金のがちょうの行列も、大変なことになりましたけれど、	
ナレーター②	お城でも、ちょっと困ったことが起きていました。	
ナレーター③	それは一体、なんでしょう?	

（お城の前）

ナレーター①	お城に住むお姫様は、一度も笑ったことがありません。
ナレーター②	王様はとっても心配して、いろんな方法でお姫様を笑わせようと
	しました。
ナレーター③	でも、何をやってもダメなんですね。
王様	姫には困ったものだ。何かいい方法はないものかね？
家来①	どんなに有名な医者に診てもらっても、
家来②	どんなにおもしろい話をしても、
家来全員	ダメでした。
王様	そうか・・・。
	姫を笑わせた者は、姫と結婚をさせるというおふれを出したが？
家来①	それもダメでした。
家来②	いろんな者が訪ねて来ましたが、誰もお姫様を笑わせることは
	できませんでした。
王様	そうか・・・。
ナレーター①	おやっ、金のがちょうの行列が、やって来たみたいですよ。

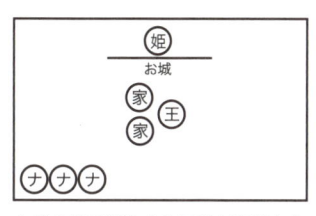

お城の前で話をする王様と家来たち。

がっかりする王様。

さらにがっかりする王様。

♪歌
（行列の人全員）

 **59-60** おかしな行列　📖 楽譜 P.108

くっついちゃって　はなれない
きんのがちょうの　ぎょうれつは
あっちに　こっちに　ぞろぞろ　ぞろぞろ
つながったまま　よろよろ　よろよろ
おかしな　おかしな　おかしな　おかしな
ぎょうれつだ

行列の人全員、つながったまま上手から登場し、舞台をよろよろまわりながら歌う。

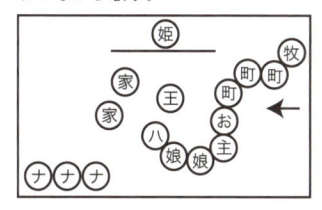

ナレーター②	あれっ、うわさのお姫様ですね。
ナレーター③	お姫様も、金のがちょうの行列を見ていたようですよ。
お姫様	なんておかしな行列なんでしょう！ アハハハ・・・。オホホホ・・・。

📖 楽譜 P.108

♪効果音

TRACK 64 手が離れる音

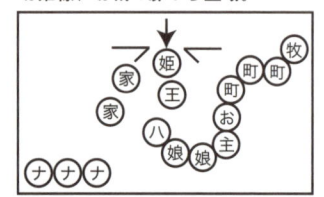

お姫様、お城の扉から登場。

お姫様、高く大きな声で笑う。
お姫様が笑ったとたん、行列の人たちの手が離れて、その場に倒れ込んだり座ったりする。
王様、大声で喜ぶ。

王様 家来全員	なんということだ！　姫が笑ったぞ！ 笑った、笑った！
ナレーター①	そして、不思議なことに、お姫様が笑った途端に、行列の人たちの手が離れました。
行列の人全員	手が離れた！　よかったー！

行列の人たち、手を上げて喜ぶ。

王様	誰も姫を笑わせてくれなかったのに、あなたは姫を笑わせてくれた。ぜひ、姫と結婚してくれたまえ。

王様、ハンスに近づく。

ハンス	王様、ありがとうございます！　喜んで！

ハンス、お辞儀をする。

ハンス以外の行列の人全員	わあ、おめでとう！

いっせいに拍手をする。

♪歌
（全員）

TRACK 57-58 金のがちょう

📖 楽譜 P.107

> キラキラ　かがやく　きんのがちょう
> きんいろの　はねの　きんのがちょう
> こびとが　おれいに　くれたもの
> だれもが　ほしくなるような
> キラキラ　かがやく　きんのがちょう
> まばゆいばかりの　きんのがちょう

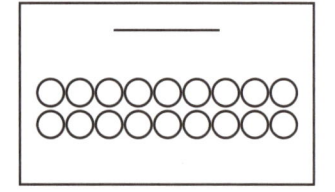

登場人物全員が、舞台中央で整列して歌う。

歌い終わったら、ナレーターは舞台左手前に戻る。

ナレーター②	そうして、ハンスはお姫様と結婚して、いつまでも幸せに暮らしたそうですよ。
ナレーター③	笑うことのなかったお姫様が、ハンスとの暮らしでは、笑いが絶えなかったそうです。
ナレーター①	よかったですね！
ナレーター②、③	めでたし、めでたし。

金のがちょう

作詞／作曲：井上明美

TR.57：歌入り
TR.58：カラオケ

♩=108

キラキラかがやく　きんのがちょう　きんいろのはねの　きんのがちょう

こびとがおれいに　くれたもの　だれもが　ほしく　なるような

前奏

キラキラかがやく　きんのがちょう　まばゆいばかりの　きんのがちょう

TR.61　木を切る音

8va bassa

TR.62　驚きの音

おかしな行列

作詞／作曲：井上明美

TR.59：歌入り
TR.60：カラオケ

♩=110
くっついちゃって
はなれない
きんのがちょうの
ぎょうれつは
あっちにこっちに
ぞろぞろぞろぞろ
つながったまま
よろよろよろよろ
前奏
おかしなおかしな
おかしなおかしな
ぎょうれつ
だ

TR.63 手がくっつく音

TR.64 手が離れる音

3
8va bassa

よくばり子ガラス

【対象年齢】4〜5歳児　CD 65-71

あらすじ

ハトたちが、ハト小屋でおいしそうなえさを食べています。そこにやって来た、お腹をすかせた子ガラスたち。いつもおいしいえさをもらって食べているハト小屋のハトたちをうらやましく思い、なんとかハトになって、ハト小屋のえさを食べられないか考えました。そしてある日、羽を白くぬってハトに扮装し、ハト小屋に忍び込むことに成功します。

お腹一杯えさを食べ、味をしめた子ガラスたちは、翌日もハト小屋に忍び込みます。でも、「カァ」と鳴いてしまい、カラスだとばれてしまいました。ハトたちに小屋を追い出され、しかたなくカラスのねぐらに帰って行くと、羽を白くぬっていたために、大人のカラスたちから、よそ者だと思われ、カラスのねぐらからも追い出されてしまいました。

※キャストの続き、次ページへ→

キャスト

子ガラス（3〜4人）
口ばしをつけた黒い帽子。黒い羽をつけた黒いTシャツとパンツにタイツ。

＜ハトに扮装した子ガラス＞
口ばしをつけた白い帽子。黒いTシャツとタイツの上に白い羽をつけた白いベストにパンツ。

大人ガラス（3〜4人）
口ばしをつけた黒い帽子。黒い大きめの羽をつけた黒いTシャツとパンツにタイツ。

●木

●草

段ボール板で作り、色をつける。
段ボールか大きな積み木で支える。

●ハト小屋

大きい蚊帳を使う。

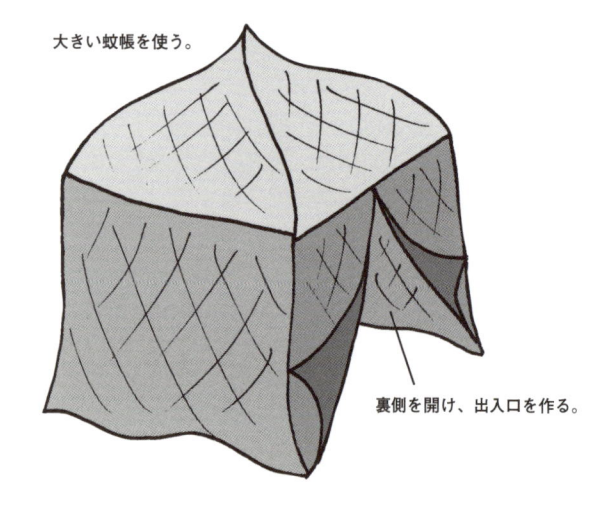

裏側を開け、出入口を作る。

●ハトのえさ箱

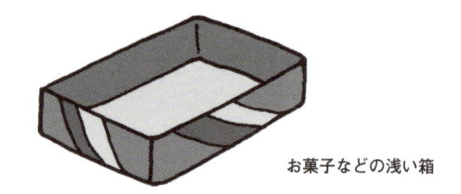

お菓子などの浅い箱

●えさ

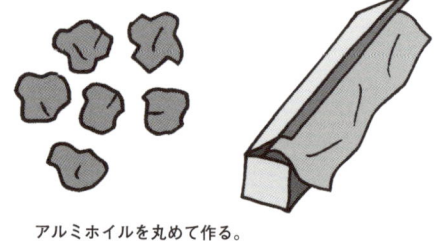

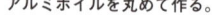

アルミホイルを丸めて作る。

ハト（6〜9人）

口ばしをつけた白い帽子。白い大きめの羽をつ
けた白いTシャツとパンツにタイツ。

スズメ兼ナレーター（3人）

口ばしをつけた茶の帽子。茶のTシャツに茶の羽をつけた
サテン地の茶のベストとパンツにタイツ。

第1幕

（ハト小屋の前）

スズメ①
スズメ②
スズメ③
（スズメ①〜③は
ナレーター兼）

ここは、ハト小屋の前です。

ハト小屋には、たくさんのハトがいます。

ハト小屋のハトたちは、毎日おいしいえさをたくさん食べています。

ハトたち、ハト小屋の中で、しゃがんでえさを食べる真似をしている。

ハト①
ハト②
ハト③
ハト④
ハト⑤
ハト⑥

ポッポッポ。今日も、えさがおいしいね。

うん、とってもおいしいね。ポッポ。

モグモグ・・・。うん、本当においしいね。ポッポ。

今日もお腹いっぱい食べるぞ。ポッポ。

きみは、食いしん坊だなあ。ポッポ。

ぼくはもう、お腹いっぱいになってきたよ。ポッポ。

Advice ①

ハト⑥、立ち上がって両手でお腹を押さえ、お腹いっぱいであることを表現しましょう。

スズメ①

そこに、お腹をすかせた子ガラスと、大人のカラスたちがやって来ました。

子ガラスたちと、大人ガラスたち上手から登場。

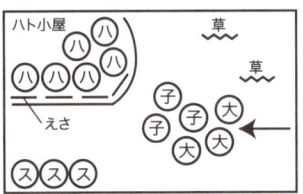

♪効果音

TRACK 67 お腹がすいた音

📖 楽譜 P.119

子ガラス①
子ガラス②
子ガラス③
大人ガラス①
大人ガラス②
大人ガラス③

カァカァ。腹減ったなあ。

何か、食べるものないかなあ。カァ。

腹ペコで、もうフラフラだよ。カァ。

仕方ないから、このへんで草でも食べるとするか。カァ。

よし、そうしよう。カァ。

あそこの草が、おいしそうだぞ。カァ。

大人ガラスたち、草のところへ行き、しゃがんで食べる真似をする。

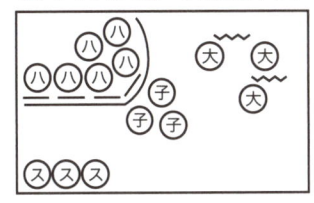

子ガラス①
子ガラス②
子ガラス③

カァカァ。ハト小屋のハトたちは、いいなあ。

毎日おいしそうなえさをもらって、うらやましいなあ。カァ。

ぼくたちも、あんな暮らしがしてみたいなあ。カァ。

子ガラスたち、ハト小屋に近づき、えさを食べているハトたちを見る。

子ガラス①	なんとかハトの仲間になって、おれたちも、あのおいしそうなえさを食べられないかなあ。カァ。
子ガラス②	そうだなあ・・・。カァ。
子ガラス③	何か、いい方法はないかなあ・・・。カァ。
子ガラス①	カァカァ。いいこと思いついた!

♪効果音

🎵68 ひらめきの音　　📖楽譜 P.119

子ガラス②	えっ、何々?
子ガラス③	カァカァ?
子ガラス①	おれたちも、ハトと同じくらいの大きさなんだから、羽の色さえ白ければ、ハトと同じじゃない？　カァ。
子ガラス②	ってことは、黒い羽を白くぬって、ハトになりすまして、ハト小屋に忍び込むってことだね？　カァ。
子ガラス③	そして、あのおいしそうなえさをいただくってことだね？　カァ。
子ガラス①	そのとおり！　カァ！　でも、あんまり大勢で忍び込むとばれるから、大人のカラスたちには内緒だよ。
子ガラス②、③	オッケー！　カァ！

♪歌
（子ガラス全員）

🎵65-66 よくばり子ガラス　　📖楽譜 P.118

> よくばりこガラス　カァカァカァ
> はらぺこなんだよ　カァカァカァ
> だから　はねを　しろく　ぬって
> ハトに　なるのさ　カァカァカァ
> ハトごやの　えさを　もらうんだ　（カァ）
> ハトごやの　えさを　もらうんだ　（カァ）

子ガラス①	じゃあ、さっそく羽を白くしよう！　カァ！
スズメ②	あの子ガラスたちは、ハトになりすまして、ハト小屋に忍び込むつもりのようですね。
スズメ③	はたして、うまくいくんでしょうか。
スズメ①	ねえねえ、私たちもちょっとお腹がすいたから、あそこの草を食べに行かない？
スズメ②、③	うん、そうしよう!

Advice 🔊
子ガラスたち、腕組みをして、何かいい方法はないか、考える真似をしましょう。

Advice 🔊
子ガラスたち、嬉しそうに浮かれた感じで、手ぶりを交えながらセリフを言いましょう。

子ガラスたち、舞台中央にバラバラに立って歌う。

Advice 🔊
手足や身体を動かしながら、楽しそうに歌いましょう。

子ガラスたち、上手に下がる。

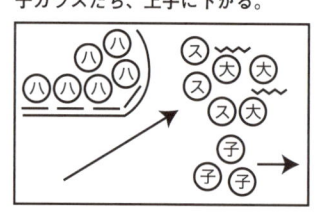

スズメたち、草のところに行って、しゃがんで食べる真似をする。

子ガラス①	エッヘッヘ。羽も白くぬったし、これならハトと同じだね。カァ。
子ガラス②	これで、あのハト小屋のおいしそうなえさが、食べれらるね。カァ。
子ガラス③	ヤッター！　カァ！
子ガラス①	ただし、「カァ」って鳴かないように気をつけないとね。カァ。
子ガラス②	「カァ」って鳴いたら、カラスだってばれちゃうからね。カァ。
子ガラス③	そうだね。カァ。
子ガラス①	よし、じゃあ、ハト小屋のすき間から入り込もう。カァ。
子ガラス②、③	オッケー！　カァ！

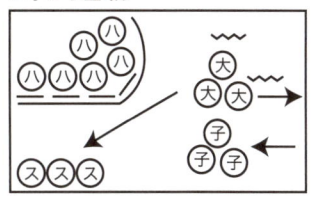

スズメたち、舞台左手前に戻る。
大人ガラスたちは、上手に下がる。
子ガラスたち、ハトに扮装して、
上手から登場。

♪効果音　🏃**TRACK 69**　**ハト小屋に忍び込む音**　📖**楽譜 P.119**

子ガラス全員	こっそり、こっそり・・・。
子ガラス①	モグモグ、おいしいなあ・・・。
子ガラス②	うん、おいしい！
子ガラス③	ハトたちは、毎日こんなにおいしいえさを食べてたんだね。
ハト①	あれっ、きみたちは、見たことないハトだね。ポッポ。
子ガラス①	えっ、ぼっ、ぼくたちは、今日からこのハト小屋に移って来て仲間入りしたハトだよ。
ハト②	そうなんだ。じゃあ、よろしくね。ポッポ。
子ガラス②、③	うん、よろしくね。
スズメ①	子ガラスたちは、まんまとハトになりすまして、ごちそうにありつけたようですね。
子ガラス①	ああ、お腹がいっぱいになった。
子ガラス②	じゃあ、そろそろ戻ろうか。
子ガラス③	よし、そうしよう！
子ガラス①	カァカァ、すごくおいしかったね。
子ガラス②	うん、久しぶりにお腹いっぱい、おいしいものを食べたね。カァ。
子ガラス③	ハトになりすますのなんて、簡単だね。カァ。
子ガラス①	これなら、毎日ハト小屋のえさを食べられるね。カァ。
子ガラス②、③	カァカァ！

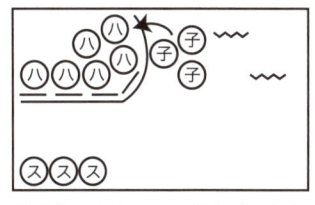

子ガラスたち、ハト小屋の後ろ側
から、小屋に忍び込む。

子ガラスたち、しゃがんでハト小
屋のえさを食べる真似をする。

ハトたち、子ガラスたちに近づく。

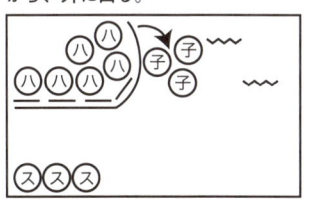

子ガラスたち、ハト小屋の後ろ側
から、外に出る。

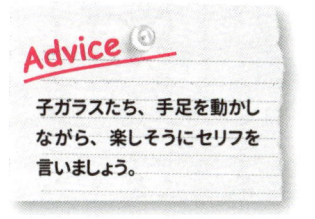

Advice

子ガラスたち、手足を動かし
ながら、楽しそうにセリフを
言いましょう。

スズメ②
スズメ③

そして、次の日になりました。

今日も、子ガラスたちは、ハト小屋に入り込むつもりでしょうか。

♪歌

（子ガラス全員）

65-66　よくばり子ガラス　　📖楽譜P.118

> よくばりこガラス　カァカァカァ
> はらぺこなんだよ　カァカァカァ
> だから　はねを　しろく　ぬって
> ハトに　なるのさ　カァカァカァ
> ハトごやの　えさを　もらうんだ（カァ）
> ハトごやの　えさを　もらうんだ（カァ）

子ガラスたち、下手から登場し、舞台中央で並んで歌う。

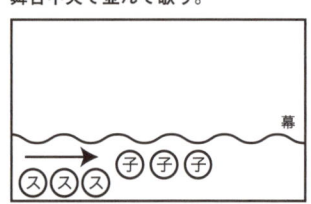

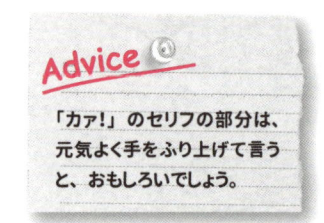

Advice

「カァ！」のセリフの部分は、元気よく手をふり上げて言うと、おもしろいでしょう。

子ガラスたち、上手に下がる。

子ガラス①
子ガラス②
子ガラス③
子ガラス①

カァカァ。今日もハト小屋に入って、ごちそうをいただくとするか。

今日も、お腹いっぱい食べるぞ！　カァ！

食べるぞ！　カァ！

よし、じゃあ行こう。カァ！

第2幕 - 幕開く

（ハト小屋の前）

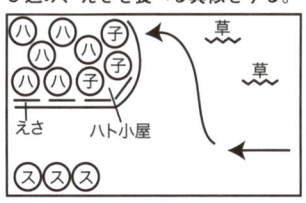 TRACK 69　ハト小屋に忍び込む音　📖 楽譜 P.119

子ガラス全員　こっそり、こっそり・・・。

子ガラス①　モグモグ、おいしいなあ・・・。
子ガラス②　うん、おいしい！
子ガラス③　うん、すっごくおいしい！　カァ！

ハト③　あれっ、今、カァって鳴かなかった？　ポッポ。
子ガラス③　えっ、鳴いてないよ。カァカァ。
ハト④　あれっ、きみたちは、もしかしたら、ハトじゃなくて、
カラスなんじゃないの？　ポッポ。
ハト⑤　あっ、ほんとだ！　羽を白くぬってるけど、カラスじゃないか！
ポッポ。

子ガラスたち、上手から登場し、ハト小屋の後ろ側から、小屋に忍び込み、えさを食べる真似をする。

子ガラス③は、「カァ！」を大きな声で言う。

ハトたちが、子ガラスたちに近づいて、子ガラスの身体をなめまわすように見る。

TRACK 70　衝撃の音　📖 楽譜 P.119

子ガラス①　だから、「カァ」って鳴いちゃだめだって言ったのに！　カァ。
子ガラス②　そうだよ。カァ。
子ガラス③　ごめんなさい！　カァカァ。
ハト⑥　さては、ハト小屋のえさをねらって、ハトになりすまして、
入って来たんだな。ポッポ。
子ガラス①、②　それは、あの・・・その・・・。カァ。

ハト①　カラスのくせに、ぼくたちのえさを食べたな！　ポッポ！
ハト②　とんでもないやつらだ。ポッポ！
ハト③　そうだ、そうだ！　ポッポ！
ハト④　えさどろぼう〜！　ポッポ！
ハト⑤　とっとと、出ていけ。ポッポ！
ハト⑥　そうだ、そうだ！　ポッポ！
ハト全員　出ていけ〜！　ポッポ〜！

子ガラス全員　ひえ〜！　カァカァ〜！

Advice 💡
子ガラス①、②は、子ガラス③を責めるようにセリフを言い、子ガラス③は、なさけなさそうに謝ると、おもしろいでしょう。

Advice 💡
ハトたちは、子ガラスたちを取り囲むようにして、強い口調で責めるようにセリフを言いましょう。

子ガラスたち、逃げるようにハト小屋を出て、走りながら下手に下がる。

TRACK 71　子ガラスたちが逃げる音　📖 楽譜 P.119

スズメ①　子ガラスたち、ついにばれてしまいましたね。
スズメ②　おいしいえさを夢中で食べているうちに、つい「カァ」って
鳴いちゃったんですね。

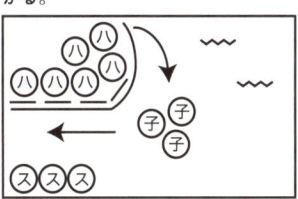

子ガラス③	あーあ、ばれちゃった。カァ。
子ガラス①	お前が、「カァ」って鳴いちゃったからだよ。カァ。
子ガラス②	そうだ、そうだ！　カァ！
子ガラス③	ごめんなさい・・・。カァ。
子ガラス①	これでもう二度と、ハト小屋のえさは食べられなくなっちゃったな。カァ。
子ガラス②	がっかり・・・。カァ。
子ガラス③	ごめんなさい・・・。カァ。
子ガラス①	カァカァ。じゃあ、仕方ないから、カラスの仲間たちがいるねぐらに戻ることにするか。
子ガラス②	そうだね。疲れちゃったし、帰ることにしよう。カァ。
子ガラス③	そうだね。カァ。
スズメ③	そして、子ガラスたちは、がっかりしながら、カラスのねぐらに帰って行きました。

子ガラスたち、がっかりしながら
下手から登場。

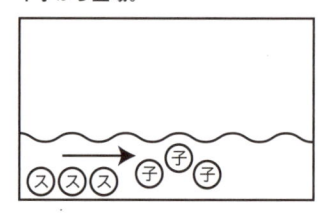

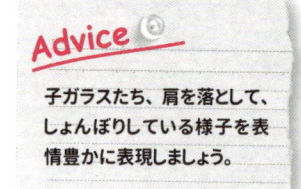

Advice

子ガラスたち、肩を落として、
しょんぼりしている様子を表
情豊かに表現しましょう。

子ガラスたち、上手に下がる。

第3幕 - 幕開く

（カラスのねぐら）

子ガラス①	なんだか、とっても疲れちゃったね。カァ。
子ガラス②	本当にね。カァ。
大人ガラス①	おやっ、お前たちは誰だ？　カァ？
子ガラス③	ぼくたちは、カラスです。カァ。
大人ガラス②	カァカァ。嘘をつけ！
大人ガラス③	カラスだったら、羽が黒いはずだ。カァ！
大人ガラス①	カラスになりすまして、おれたちのねぐらに忍び込もうなんて、許さないぞ！　カァ！

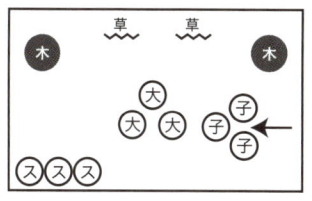

大人ガラスたちが、舞台中央に立っている。
そこに、子ガラスたちが上手から登場。

大人ガラスたち、子ガラスたちに近づいて、責める。

📖 **楽譜 P.119**

♪効果音

TRACK 70　衝撃の音

子ガラス①	あの、違うんです！　カァ。
子ガラス②	ぼくたちも、本当にカラスなんです。カァ。
大人ガラス②	じゃあ、なんで羽が白いんだ？　カァ。
子ガラス③	それは、あの・・・。その・・・。カァ。
大人ガラス③	おれたちのねぐらに、勝手に入って来るな！　カァカァ！
大人ガラス①	とんでもないやつらだ。カァカァ！
大人ガラス②	そうだ、そうだ！　カァカァ！
大人ガラス③	とっとと、出ていけ。カァカァ！
大人ガラス全員	出ていけ～！　カァカァ～！
子ガラス全員	ひえ～！　カァカァ～！

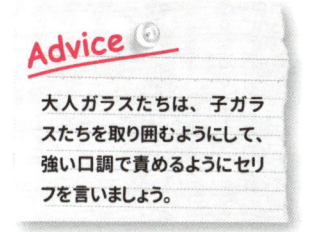

Advice ①

大人ガラスたちは、子ガラスたちを取り囲むようにして、強い口調で責めるようにセリフを言いましょう。

♪効果音

TRACK 71　子ガラスたちが逃げる音

📖 **楽譜 P.119**

スズメ①	子ガラスたちは、羽を白くぬっていたから、カラスの仲間たちからも、追い出されてしまいましたね。
スズメ②	欲張って、ハト小屋のえさを食べようとするからですね。
スズメ③	子ガラスたちは、これで少しは反省するでしょう。

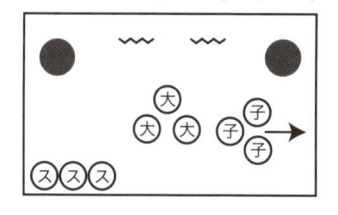

子ガラスたち、走って上手に下がる。

♪歌

（全員）

TRACK 65-66　よくばり子ガラス

📖 **楽譜 P.118**

よくばりこガラス　カァカァカァ
はらぺこなんだよ　カァカァカァ
だから　はねを　しろく　ぬって
ハトに　なるのさ　カァカァカァ
ハトごやの　えさを　もらうんだ　（カァ）
ハトごやの　えさを　もらうんだ　（カァ）

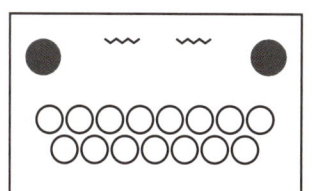

全員が再登場し、舞台中央で整列して歌う。

よくばり子ガラス

作詞／作曲：井上明美

TR.65：歌入り
TR.66：カラオケ

♩=112

よくばり こ ガラス　カァカ ァカ ァカァ　は らぺ こ な ん だ よ　カ ァカ ァカァ

だ から は ね を　しろく ぬって　ハ トに な るのさ　カァ カァ カァ

前奏

ハ トご やの えさ を　も らう んだ（カァ）　ハ トご やの えさ を　も らう んだ（カァ）

118

TR.67 お腹がすいた音

TR.68 ひらめきの音

TR.69 ハト小屋に忍び込む音

TR.70 衝撃の音

TR.71 子ガラスたちが逃げる音

旅人とライオン

【対象年齢】4〜5歳児　CD 72-77

あらすじ

森の中で、木の枝に足がはさまってしまい、困っているライオンがいました。そこへ旅人たちが通りかかると、ライオンは助けてくれと頼みます。旅人たちは、「助けてあげたら、その後で、きっとあなたは私たちを食べようとするでしょう？」と言いますが、ライオンは「神に誓って、そんな悪いことはしない」と言うので、助けてあげました。

しかし、ライオンは、助けてもらった恩も忘れて、旅人たちを食べようとします。旅人たちは納得できず、旅人とライオンのどちらが正しいか、他の誰かに裁判をしてもらうことにしました。でも、ウサギに聞いても、イヌに聞いても、ウマに聞いても、結論が出ません。

そこで、知恵のあるキツネに聞いてみました。キツネは、「こういうことは、できるだけ本当のことを調べた方がいい」と言って、ライオンがどんなふうに枝に足がはさまってしまったのか、再現してもらいました。そしてライオンは、枝に足をはさんで、バタバタあばれて見せました。すると、キツネや旅人たちは、その場から立ち去ってしまいます。ライオンは、しまったと思いましたが、もうどうすることもできませんでした。

キャスト

旅人（3〜4人）
茶のリボンをつけたカーキ色の帽子をかぶり、白いシャツにカーキ色のベスト。カーキ色のパンツに茶のベルトにブーツ。ポシェットをかける。

ライオン（1人）
こげ茶のフードをかぶり、ライオンのお面をつける。黄土色のTシャツとパンツとタイツ。こげ茶の毛糸をつけたしっぽ。

イヌ（3〜4人）
ベージュの不織布の帽子をかぶる。ベージュのTシャツにベージュのパンツ。茶のタイツをはく。

●草

段ボール板で作り、色をつける。
段ボールか大きな積み木で支える。

●木

子どもの両手が入る
小さな穴を開けておく。

●山の風景

板目紙に描く。舞台背景につける。

●ポシェット

本物を使用。

ウマ（3〜4人）

ウマのお面をかぶり、茶のTシャツ、パンツとタイツ。こげ茶のソックスにこげ茶の毛糸をつけたしっぽ。

キツネ（3〜4人）

キツネのお面をかぶり、黄土色のTシャツ、パンツとタイツ。お腹を白い布でおおう。綿を入れた大きなしっぽをつける。

ウサギ兼ナレーター（3〜4人）

カチューシャにウサギの耳（中はピンク）をつける。白い綿のTシャツにピンクのサテンのベスト。白いパンツにタイツ。白い毛糸のボンボンのしっぽをつける。

第1幕

（森の中）

ウサギ①
ウサギ②
ウサギ③
（ウサギ①〜③は
ナレーター兼）

私たちは、この森に暮らすウサギ。
森には、いろんな動物が暮らしています。
あれ、あそこに何かほえているライオンがいるよ。

ライオン、木の枝の書き割りの穴に
足（実際には手）を入れ、ほえている。

♪効果音

TRACK 74　ライオンがほえる音　📖 楽譜 P.131

ライオン

ウォー、ウォー、助けてくれ〜！

ウサギ①
ウサギ②

どうやら、木の枝に足がはさまって、抜けなくなってしまったようですね。
そこへ、旅人たちがやって来ました。

旅人①
旅人②
旅人③

森が深くなってきたね。
森にはいろんな動物がいるから、気をつけて進まないとね。
あっ、ラ、ライオンだ！

旅人たち、上手から登場。

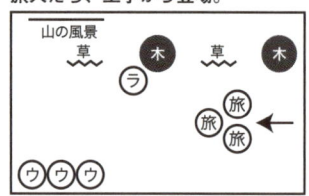

旅人③、ライオンを指さす。

ライオン
旅人①
ライオン

おーい、旅人さんたち、どうかおいらを助けてくれ！
ど、どうしたんですか？
鳥のひなを取ろうとして、木に登ったんだけど、足を木の枝に
はさまれてしまって、抜けなくなっちゃったんだ。

旅人②
旅人③

ほう、それはお困りでしょうね・・・。
でも、あなたを助けてあげたら、その後で、きっとあなたは私たちを
食べようとするんでしょう？

ライオン

いやいや、そんなことは絶対にしないよ。
神様に誓って、そんな悪いことはしないから、どうか助けておくれ。

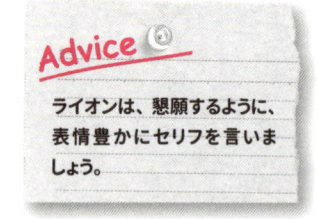

Advice
ライオンは、懇願するように、
表情豊かにセリフを言いま
しょう。

ウサギ③	ライオンが強くそう言うので、旅人たちはライオンのことばを信じて、 助けてあげました。

旅人たち、ライオンに近づき、
足（手）を枝から外す。

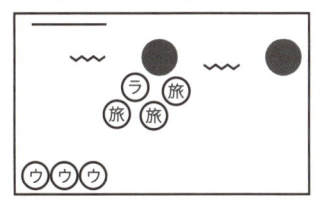

ライオン	ああ、助かった〜！　ありがとよ。
旅人①	よかったですね。
ライオン	安心したら、なんだか急にお腹が空いてきたぞ。 お前たちを食べたら、さぞかしおいしいだろうな。ゴックン。
ウサギ①	ライオンは、そう言うと、旅人たちをじろじろと見始めました。

ライオン、怪しげに旅人たちを
じろじろ見る。

♪効果音　TRACK **75**　怪しげな音　📖 楽譜 P.131

旅人②	冗談を言わないでください。
旅人③	私たちに悪いことをしないと約束したから、助けてあげたんですよ。
ライオン	さっきはそう思ったよ。でも、今は違うね。 おいらのお腹が、食べたい、食べたいと言ってるんだ。
ウサギ②	旅人たちは、ライオンのことばを信じて助けてあげたのに、 裏切ろうとするなんて、ひどいね。
ウサギ③	私たちも、ちょっと抗議に行きましょう。

ウサギたち、ライオンと旅人たち
に近づく。

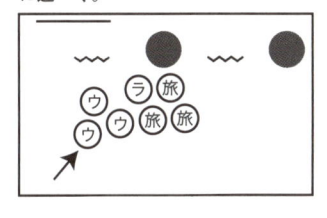

ウサギ①	ちょっとライオンさん、それはないんじゃない！
ライオン	なんだ、お前ら。
ウサギ②	助けてもらった恩も忘れて、旅人さんたちを食べようとするなんて、 ひどいんじゃない？
ライオン	うるさいな！
ウサギ③	じゃあ、旅人さんとライオンさんと、どちらが正しいか、 他の誰かに話して、裁判をしてもらったらどうでしょう。
旅人全員	うん、それがいい！
ライオン	よし、わかった。

♪歌
（ライオン、
旅人たち、
ウサギたち全員）　TRACK **72-73**　旅人とライオン　📖 楽譜 P.130

ライオン、旅人、ウサギたちが
バラバラに立って歌う。

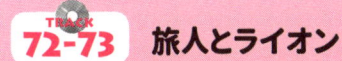

きの　えだに　あしを　はさまれた
ライオン　ライオン
たびびとたちが　たすけてくれたのに
たべようと　している
たびびとと　ライオン　たびびとと　ライオン
どちらが　ただしいか　さいばんだ

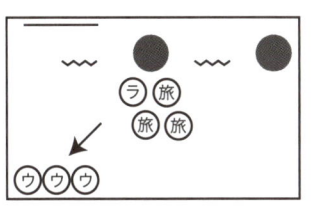

歌い終わったら、ウサギたちは
舞台左手前に戻る。

ウサギ①	そこへ、イヌたちが通りかかりました。
旅人①	あっ、イヌさんたち！
イヌ①	これは、旅人の皆さんとライオンさん。
旅人②	ちょっと聞いてください！
イヌ②	どうしたんですか？
旅人③	このライオンさんが、木の枝に足がはさまっていたところを 私たちが助けてあげたんです。
旅人①	ところがその後で、ライオンさんは、私たちを食べようとしているんです。
イヌ③	なるほど・・・。
旅人②	これは、正しいことだと思いますか？
旅人③	イヌさんたちに、裁判をして欲しいんです。

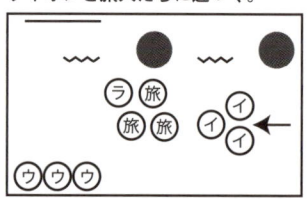

イヌたち、上手から登場し、
ライオンと旅人たちに近づく。

ライオン、旅人、イヌたちが
バラバラに立って歌う。

♪歌

（ライオン、
旅人たち、
イヌたち全員）

🎵 TRACK 72-73　旅人とライオン　📖 楽譜 P.130

きの　えだに　あしを　はさまれた
ライオン　ライオン
たびびとたちが　たすけてくれたのに
たべようと　している
たびびとと　ライオン　たびびとと　ライオン
どちらが　ただしいか　さいばんだ

イヌ全員　どちらが正しいか。うーん・・・。

🎵 TRACK 76　悩む音　📖 楽譜 P.131

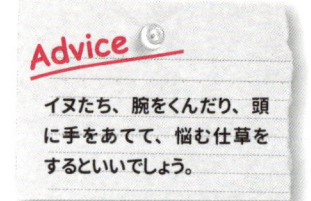

Advice

イヌたち、腕をくんだり、頭
に手をあてて、悩む仕草を
するといいでしょう。

イヌ①	そうですね・・・。
イヌ②	いいことをしてあげたお返しに、悪いことをされるというのは、 納得できないことですよね。
イヌ③	でも、私たちも、同じような目にあったんですよ。
旅人①	それは、どういうことですか？
イヌ①	私たちは、人間のご主人が狩りをするときにお供をするイヌでした。
イヌ②	長い間、ご主人のために働き続けてきました。
イヌ③	でも、年をとって走るのが遅くなったら、お前たちはもう役に立たない と、追い出されてしまったんです。
旅人②	そうだったんですか。
イヌ①	そして、今では食べ物を探して、毎日こうしてうろうろしているんです。
旅人③	それは気の毒ですね。

ライオン	そうらみろ。イヌさんたちだって、おいらの言うことに賛成ってことじゃないか。
旅人①	そうかなあ・・・。
旅人②	じゃあ、他の誰かにも、裁判してもらいましょうよ。
旅人③	うん、そうしよう!
ウサギ②	そこへ、ウマたちが通りかかりました。
旅人①	あっ、ウマさんたち!
ウマ①	これは、皆さん。
旅人②	ちょっと聞いてください!
ウマ②	どうしたんですか?
旅人③	このライオンさんが、木の枝に足がはさまっていたところを私たちが助けてあげたんです。
旅人①	ところがその後で、ライオンさんは、私たちを食べようとしているんです。
ウマ③	なるほど・・・。
旅人②	これは、正しいことだと思いますか?
旅人③	ウマさんたちに、裁判をして欲しいんです。

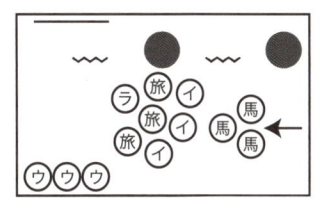

Advice ⑥
ライオン、偉そうにセリフを
言いましょう。

ウマたち、上手から登場し、
ライオンや旅人たちに近づく。

ライオン、旅人、イヌ、ウマたち
がバラバラに立って歌う。

ウマたち、悩む真似をする。

♪歌 **(ライオン、旅人、イヌ、ウマたち全員)**	**TRACK 72-73 旅人とライオン**　　📖**楽譜 P.130** きの　えだに　あしを　はさまれた ライオン　ライオン たびびとたちが　たすけてくれたのに たべようと　している たびびとと　ライオン　たびびとと　ライオン どちらが　ただしいか　さいばんだ
ウマ全員	どちらが正しいか。うーん・・・。
♪効果音	**TRACK 76 悩む音**　　📖**楽譜 P.131**
ウマ①	そうですね・・・。
ウマ②	いいことをしてあげたお返しに、悪いことをされるというのは、納得できないことですよね。
ウマ③	でも、私たちも、同じような目にあったんですよ。

旅人①	それは、どういうことですか？
ウマ①	実は、私たちは、あるお金持ちの家で、長い間、まじめに働いていました。
ウマ②	ところが、私たちが年をとって働けなくなると、そのお金持ちは、 私たちをウマ小屋から追い出してしまったんです。
旅人②	そうだったんですか。
ウマ③	そして、今では食べ物を探して、毎日こうしてうろうろしているんです。
旅人③	それは気の毒ですね。
ライオン	そうらみろ。ウマさんたちだって、おいらの言うことに賛成って ことじゃないか。
旅人①	そうかなあ・・・。
旅人②	じゃあ、また他の誰かに、裁判してもらいましょうよ。
旅人③	うん、そうしよう！

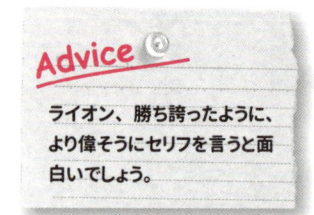

Advice
ライオン、勝ち誇ったように、より偉そうにセリフを言うと面白いでしょう。

幕閉める

（幕　前）

ウサギ③	ライオンと旅人たちのどちらが正しいか、裁判をしても なかなか決着がつかないようですね。
ウサギ①	困りましたね・・・。
ウサギ②	そんなところに、キツネたちが遠くからやって来ました。
ウサギ③	キツネはとても頭がよくて、どんな問題も解決してくれるといわれて いるようですよ。
キツネ①	クンクン、何か事件のにおいがするぞ。
キツネ②	そうだな、何かにおうね。
キツネ③	よし、じゃあ、ぼくたちが解決しに行こう。
キツネ①	どんな問題も、ぼくたちにかかったら、解決できないことはないからね。

キツネたち、下手から登場。

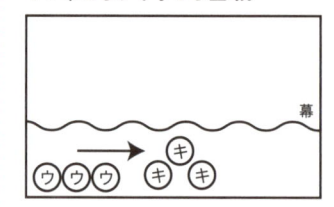

キツネ②	事件は、あっちの方だな。
キツネ③	よし、じゃあ、あっちに行ってみよう。
キツネ①、②	そうしよう！

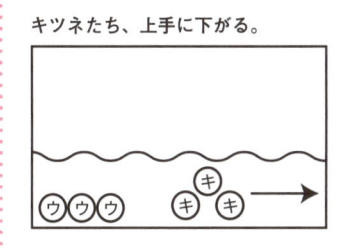
キツネたち、上手に下がる。

第2幕 - 幕開く

（森の中）

ウサギ①	キツネが、旅人やライオンの近くにやって来ました。
旅人①	あっ、キツネさんたち！
キツネ①	これは、皆さん。
旅人②	ちょっと聞いてください！
キツネ②	どうしたんですか？
旅人③	このライオンさんが、木の枝に足がはさまっていたところを 私たちが助けてあげたんです。
旅人①	ところがその後で、ライオンさんは、私たちを食べようとしているんです。
キツネ③	なるほど・・・。
旅人②	これは、正しいことだと思いますか？
旅人③	キツネさんたちに、裁判をして欲しいんです。
ウサギ②	すると、キツネたちは少し考えてから言いました。
キツネ①	こういうことは、できるだけ本当のことを調べてみた方がいいですね。
キツネ②	ライオンさんが足をはさまれたいう木は、どこにあるのですか？
キツネ③	まず、その場所を私たちに教えてください。

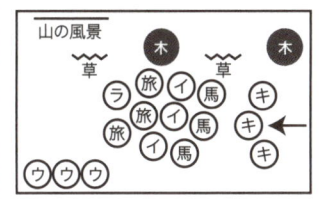
キツネたち、上手から登場し、
ライオンや旅人たちに近づく。

ウサギ③	そこで、みんなはその木のそばまで行きました。	みんな、木に近づく。

旅人全員	あの木です。	
キツネ①	では、ライオンさんは、どんなふうに枝に足がはさまってしまったのか、	
	ひとつ、木に登って見せてください。	
キツネ②	それを見たら、きっとすぐに私たちの考えも決まるでしょうから。	
ライオン	よし、わかった。	
ウサギ①	ライオンは、そう言うと、木に登りました。	ライオン、木に登る真似をする。
キツネ③	それでは、実際に足を木の枝に入れてみてくれませんか。	
ライオン	ようし。	
ウサギ②	ライオンは、またキツネの言うとおりにしました。	ライオン、木の枝の書き割りの穴に足（手）を入れる。
ライオン	こんな感じで、枝に足がはさまってしまったのさ。	
キツネ①	なるほど、そんなふうに足を枝にとられたんですね。	
ライオン	そうさ。それで、足を抜こうとしてバタバタあばれたら、	
	足が抜けなくなっちゃったんだ。	
ウサギ③	ライオンは、そう言うと、そのときのようにバタバタあばれて見せました。	ライオン、バタバタあばれる真似をする。
ウサギ①	あらあら、これでまたライオンさんは、足がはさまってしまいましたね。	
ライオン	あれっ、抜けないぞ!	ライオン、足（手）を抜く真似をする。
ウサギ②	そう言うと、キツネたちはその場を立ち去ろうとしました。	キツネたちは、その場を立ち去ろうとする。
ライオン	ちょ、ちょっと待ってくれ!　おいらはどうなるんだ?	
キツネ②	そのままでいるがいいさ。	
キツネ③	旅人さんたちに助けてもらったのに、その恩をあだで返すなんて、	
	どうなっても仕方ないよ。	
ウサギ③	それを聞いたライオンは、しまったと思いましたが、もうどうすることもできません。	

♪効果音　　**TRACK 77 衝撃の音**　　📖 楽譜 P.131

ライオン	ちきしょう！　おぼえてろよ。ウォー、ウォー！
ウサギ①	ライオンがどんなに叫んでも、もう誰も助けれくれません。
旅人① **旅人②** **旅人③**	キツネさんたち、どうもありがとう。 おかげで助かりました。 このご恩は、決して忘れません。
ウサギ② **ウサギ③**	旅人たちは、キツネたちに何度もお礼を言いました。 さすが、知恵があるといわれるキツネたちのやることは違いますね。
ウサギ① **ウサギ②**	その後、ライオンがどうやって木から下りたのか、誰も知りません。 でも、こんなことがあってから、ライオンはもう二度と弱い者を だましたり襲ったりすることは、なかったそうですよ。
ウサギ③	めでたし、めでたし。

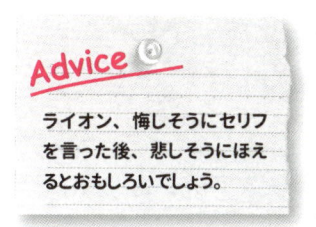

ライオン、悔しそうにセリフを言った後、悲しそうにほえるとおもしろいでしょう。

旅人、イヌ、ウマ、キツネたち、上手に下がる。

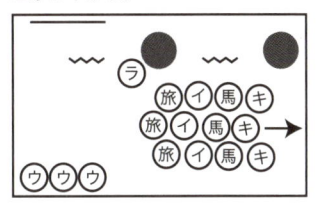

♪歌

（全員）

TRACK 72-73　旅人とライオン

📖 楽譜 P.130

きの　えだに　あしを　はさまれた
ライオン　ライオン
たびびとたちが　たすけてくれたのに
たべようと　している
たびびとと　ライオン　たびびとと　ライオン
どちらが　ただしいか　さいばんだ

全員が再登場し、舞台中央で
バラバラに立って歌う。

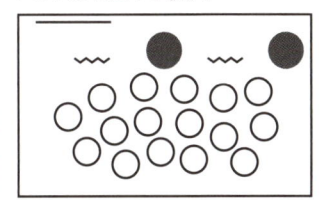

旅人とライオン

作詞／作曲：井上明美

TR.72：歌入り
TR.73：カラオケ

♩=118

きのえだに　あしをはさまれた　ラ　イオン　ラ　イオン

たびびとたちが　たすけてくれたのに　たべようと　している

たびびとと　ラ　イオン　たびびとと　ラ　イオン

前奏

どちらが　ただしいか　さいばんだ

TR.74 ライオンがほえる音

♩=160

TR.75 怪しげな音

♩=105

TR.76 悩む音

♩=106

TR.77 衝撃の音

わらしべ長者

【対象年齢】4〜5歳児　CD 78-84

あらすじ

ある村に、正直者なのに運の悪い若者たちがいました。若者たちが観音様に「どうか、運を授けてください」とお願いすると、観音様は「お寺を出たときに、最初に手に触れたものを持っていくがよい」と言います。

若者のひとりが、お寺を出たときに石につまずいて、その瞬間、わらしべ（わら）を持っていました。そこにあぶが飛んできたので、わらしべであぶをしばってブンブンまわしながら歩いていると、向こうからやって来た子どもが、それを欲しがりました。そして、子どもの母親が、みかん3つと交換してくれました。その後、のどが渇いたおじいさんが、みかん3つを布三反と交換してくれ、さらに、お侍が布三反とウマを交換してくれました。

そして最後には、大きなお屋敷に住む主人が、旅に出るのにウマが必要だからと言って、ウマとお屋敷を交換してくれました。そうして、若者たちは、わらしべ1本から、大きなお屋敷を手に入れることができ、「わらしべ長者」と呼ばれるようになりました。

キャスト

若者（6人）
※3人が途中で入れ替わります。
綿の合わせにつぎはぎをする。腰にひもを巻き、もんぺにぞうり。

観音様（1人）
厚紙に金色の紙を貼った帽子をかぶり、耳たぶの大きな金色の耳をつける。金色の布をまとい、ドレープをたくさん入れる。金色の足袋をはく。

子ども（1人）
ゆかたを短かめに着て、帯にリボンをつける。ぞうりをはく。

母親（1人）
紺のゆかたに長い白い綿の前かけをかける。ぞうりをはく。

段ボール板で作り、色をつける。段ボールか大きな積み木で支える。

●木

●草

●お堂

まん中は開けておく。

●お屋敷

扉を開けられるようにする。

●田舎道の風景

板目紙に描く。
舞台背景につける。

●わらしべ

針金に黄土色の紙を巻く。

●あぶ

針金

発砲スチロールに色をぬり、
羽や目をつけ、針金につける。

●石

新聞紙を丸めてグレー
の紙でくるむ。

●みかん

本物または、布、フェルト
で作ったものを使用。

●布

ラップの芯に布を巻く。

●ひしゃく

本物を使用。

●刀

おもちゃの刀。

おじいさん（3〜4人）
紺の帽子に白い綿のまゆと髪とあご
ひげ。グレーのじんべえの上下にぞ
うり。

お侍（2〜3人）
髪にひもを何重にも巻く。剣道着に
紺のはかま。白い足袋にぞうり。

ウマ（1人）
ウマのお面をつける。茶のTシャツとパン
ツにタイツ、こげ茶のソックス。体にロー
プを巻き、こげ茶の毛糸のしっぽをつける。

お屋敷の主人（1人）
茶の巾着帽にまゆとひげをつける。
黄土色の着ものに青い羽織。紫の
もんぺに白い足袋とぞうり。

村人兼ナレーター（3人）
カーキ色のじんべえの上下に腰にひ
もを巻く。ぞうりをはく。

第1幕

（観音様の前）

村人① 村人② 村人③ （村人①〜③は ナレーター兼）	私たちは、この村の村人です。 この村には、正直者なのに運の悪い、3人の若者がいました。 おやおや、若者たちが、何やら観音様にお参りしているようですよ。	若者たち、観音様の前でお参りしている。 観音様は座って目を閉じている。 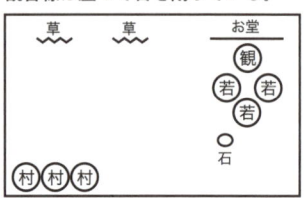
若者① 若者② 若者③	観音様、私たちは、正直に暮らしているのに、なかなか運に恵まれません。 どうか、運を授けてください。 お願いします！	
村人①	すると、観音様が立ち上がって言いました。	観音様、ゆっくり立ち上がる。
♪効果音	**TRACK 80** 観音様が立ち上がる音　📖楽譜 P.142	
若者①	わあ、観音様が立ち上がったぞ！	
観音様	お寺を出たときに、3人のうち、誰かが一番最初に手に触れたものを、持っていくがよい。きっと、運に恵まれるはずだ。	**Advice** 観音様は、落ち着いた声で、ゆっくりセリフを言いましょう。
若者② 若者③ 若者全員	観音様がしゃべった！ 一番最初に手に触れたもの？　わっ、わかりました。 ありがとうございます！	若者たち、観音様にお辞儀をし、お堂の前から離れる。
村人②	そして、若者たちはお寺を後にしました。すると・・・。	
♪効果音	**TRACK 81** 石につまずく音　📖楽譜 P.142	若者①、石につまずいて転ぶ真似をする。

若者①	あいたたたっ!
村人③	若者のひとりが、石につまずいて、転んでしまいました。
村人①	そして、その瞬間、手にわらしべを持っていました。
村人②	わらしべって何?
村人③	わらのことだよ。

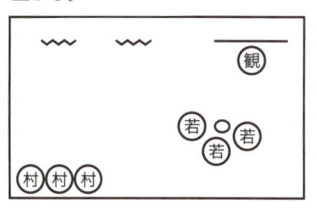

若者①、転んだときに、石の後ろに隠してあったわらを持ち、立ち上がる。

若者②	大丈夫?
若者③	あれっ、手にわらしべをつかんでいるよ。
若者①	ほんとだ!
若者②	観音様が言っていた、一番最初に手につかんだものって、
	このわらしべのことかな?
若者③	まさか・・・。
若者①	こんな、わらしべが運を授けてくれるとは思えないよ。
	捨ててしまおう。

若者①、わらを捨てる真似をする。

村人①	ちょっと・・・。それを捨てたらいけないのに・・・。
村人②	捨てないように、若者たちに言ってこよう。
村人③	そうしよう!

村人たち、若者たちのところに行く。

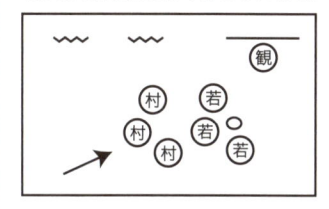

村人①	ちょっときみたち。そのわらしべは、捨てない方がいいと思うよ。
若者②	これは、村の人たち。
村人②	そのわらしべは、きっときみたちに運を授けてくれると思うよ。
若者③	こんな、わらしべが・・・。そうかなあ・・・。
村人③	きっとそうだよ!
若者①	わかったよ。じゃあ、あんたたちの言うことを信じるよ。

村人①	若者たち、わかってくれたようだね。
村人②	よかった、よかった!

村人たち、舞台左手前に戻る。

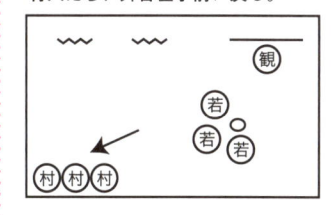

村人③	すると、一匹のあぶが、若者たちのまわりに飛んできました。

♪効果音	**82** TRACK	**あぶが飛ぶ音**	📖楽譜 P.142

若者②	うっとうしいあぶだなあ。
若者③	そのわらしべで、しばってしまったら、どうだろう?
若者①	よし、そうしよう。

若者②、石の後ろに隠してあった針金につけたあぶを飛ばす真似をする。

村人①	若者たちは、そう言うと、持っていたわらしべで、あぶをしばりました。

若者①、針金からあぶを取り、わらにつける。

若者②	よし、これでいいや。	若者たち、あぶをつけたわらを持って、下手方向に歩き出す。 子どもとお母さん、下手から登場。 お母さんは、みかんを３つ持っている。
村人②	若者たちは、わらしべにしばったあぶをブンブンまわしながら、歩き出しました。	
村人③	すると、向こうから、ひと組の親子がやって来ました。	

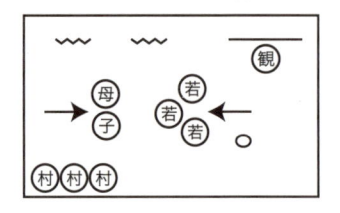

子ども	あっ、あの人おもしろいものを持ってる！　あれが欲しいよう。
お母さん	人様が持っているものを欲しがるものではありませんよ。
若者③	あっ、これですか？　これなら、あげてもいいですよ。
子ども	ほんと？　やったー！
お母さん	まあ、すみません。ありがとうございます。 では、お礼にこれを差し上げましょう。

村人①	そう言うと、子どもの母親は、みかんを３つくれました。	わらにつけたあぶと、みかん３つを交換する。
若者全員	ありがとうございます！	若者たち、嬉しそうにお辞儀をする。

幕閉める

（幕　前）

若者①	やったね！　たかが１本のわらしべが、みかん３つに化けたね。	若者たち、みかんを３つ持って、嬉しそうに下手から登場し、上手に下がる。
若者②	これは、運が向いてきたぞ。ありがたやー、ありがたや！	
若者③	おいしそうなみかんだね。	
若者①	ちょうど、みかんが３つあるから、もう少し歩いたら、どこかで休憩して、ひとつずついただこう。	
若者②、③	そうしよう！	

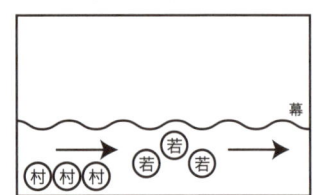

村人②	若者たちは、１本のわらしべが、みかん３つに変わったことをとても喜びました。

第2幕 - 幕開く

（田舎道）

若者④	そろそろ休憩して、みかんを食べようか。
若者⑤、⑥	そうしよう！
村人③	若者たちがみかんを食べようと立ち止まると、木の下に、元気のないおじいさんたちが、座り込んでいました。

若者たち、みかんを持って上手から登場。
おじいさんたち、元気のない様子で、木の下に座っている。

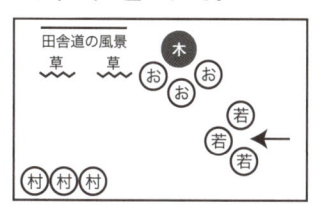

♪効果音

TRACK 83 元気のない音　📖 楽譜 P.142

若者④	おじいさんたち、どうしたんですか？
おじいさん①	わしらは、歩き疲れて、のどがカラカラでな。
おじいさん②	もう、倒れそうなんだ。
おじいさん③	どうか、そのみかんをわしらにくれんかのう。

若者たち、おじいさんたちに近づく。

おじいさん③、手を差し出す。

若者⑤	えっ、でもこのみかんは、観音様のお告げで、わらしべと取り換えた大切なみかんなんだ。
若者⑥	だから、おじいさんたちにあげるわけにいかないんだよ。
おじいさん①	それじゃあ、この布と取り換えないか。
おじいさん②	わしらは商人でな。
おじいさん③	ここに三反の布があるから、これとみかんを交換してくれないかな。
村人①	おじいさんたちは、そういうと、布三反を差し出しました。

おじいさんたち、布三反を若者の前に差し出す。

若者④	布三反！　それはすごい！
若者⑤、⑥	それなら、交換しましょう。
村人②	そう言うと、布とみかんを交換しました。
村人③	おじいさんたちは、みかんを食べるとすっかり元気になって帰って行きました。

みかん3つと布三反を交換し、おじいさんたちは、みかんを食べる真似をする。
おじいさんたち、上手に下がる。

若者④ 若者⑤ 若者⑥	やったね！　たかが1本のわらしべが、布三反に変わったね。 これは、ますます運が向いてきたぞ。ありがたやー、ありがたや！ もしかしたら、いずれ長者になれるかも！

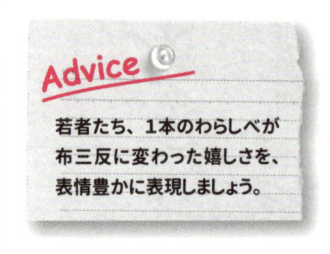

Advice

若者たち、1本のわらしべが
布三反に変わった嬉しさを、
表情豊かに表現しましょう。

村人①	若者たちは、1本のわらしべが、布三反に変わったことを とても喜びました。
村人②	いずれ長者になれるかもって言ってるね。
村人③	長者って何？
村人①	お金持ちのことだよ。
村人②	すごいお金持ちのことを、「億万長者」って言うでしょ？
村人③	なるほど！

♪歌
（若者、村人全員）

TRACK 78-79　わらしべ長者　📖楽譜 P.141

かんのんさまから　おつげが　あった
さいしょに　そのてに　ふれたもの
かならず　うんを　さずけるよ
いつか　ちょうじゃに　きっと　なれるよね
わらしべ　しべしべ　わらしべちょうじゃ

村人たち、若者たちのところに行き、
舞台中央にバラバラに立って歌う。

村人たち、歌い終わったら、
舞台左手前に戻る。

村人①	若者たちが浮かれて歩き出すと、向こうから、お侍たちが、 元気のない馬を引いて、やって来ました。

お侍たち、ウマを引いて下手から
登場。

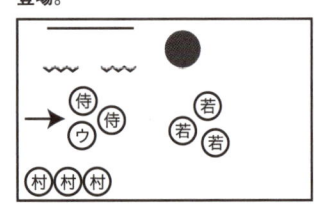

お侍① ウマ	ほら、ちゃんと歩け！ 疲れて、もう歩けない。ダメだ・・・。

ウマ、元気なさそうに地面に倒れる。

村人②	おやおや、ウマは元気がないようで、倒れてしまいましたね。
お侍②	もうこのウマは役に立たないな。

若者④ お侍① 若者全員 お侍② 若者全員	あのう、そのウマがいらないのなら、この布三反と交換しませんか？ えっ、こんなウマでいいのか？ はい！ それなら、交換しよう。 ありがとうございます！

若者たち、お侍たちに近づき、
布三反を見せる。

ウマと布三反を交換し、お侍たちは
上手に下がる。

村人③ 村人①	そう言うと、ウマと布を交換しました。 お侍たちは、布を持って、嬉しそうに行ってしまいました。

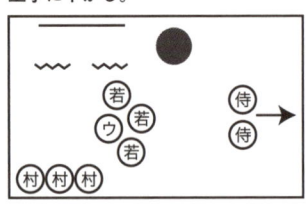

若者⑤	水をくんできて、ウマに飲ませよう!	若者たち、下手に下がり、ひしゃくを手に持って下手から再び登場し、ウマにひしゃくの水を飲ませる真似をする。
若者⑥	そしたら、きっと元気になるぞ!	
村人②	若者たちは、水をくんできて、ウマに飲ませました。	
村人③	すると、ウマはすっかり元気になって、立ち上がりました。	

♪効果音 🔴**84** **元気になる音** 📖楽譜 P.142

ウマ	ヒヒーン!	ウマ、立ち上がって元気に鳴く真似をする。
若者全員	やったー!	

幕閉める

（幕　前）

若者④	やったね!　たかが1本のわらしべが、ウマに変わったね。	若者たち、ウマを引いて、嬉しそうに下手から登場し、上手に下がる。
若者⑤	これは、すごく運が向いてきたぞ。ありがたやー、ありがたや!	
若者⑥	もしかしたら、本当に長者になれるかも!	
村人①	若者たちは、1本のわらしべが、ウマに変わったことをとても喜びました。	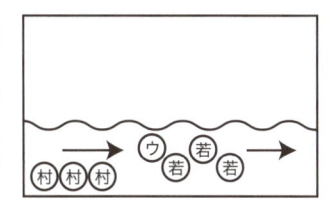

第3幕 - 幕開く

（お屋敷の前）

村人②	若者たちがウマを連れて歩いていると、あたりはすっかり暗くなりました。
村人③	そして、目の前に、1軒の大きなお屋敷が現れました。
若者④	なんという、立派なお屋敷！ こんなに立派なお屋敷は、見たことがないな。
若者⑤	今日はもう暗くなってきたから、このお屋敷に一晩泊めてもらおうよ。
若者⑥	泊めてくれるかな？
村人①	すると、お屋敷の中から、主人が出てきました。
若者④	すみません、今晩一晩、泊めてもらえませんか？
お屋敷の主人	ああ、構わないよ。それより、私は旅に出たいから、そのウマを貸してくれないか？
若者⑤	いいですよ。
お屋敷の主人	それは助かる！ じゃあ、代わりに、私が帰るまで、この屋敷に住んでいてもよいぞ。
若者⑥	ほんとですか!?
若者全員	やったー！
村人②	お屋敷の主人は、そう言うと、ウマを連れて旅に出ました。
村人③	その後、何年たっても主人は帰って来なかったので、お屋敷は若者たちのものになったそうです。

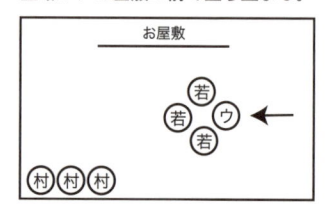

若者たち、ウマを引いて上手から登場し、お屋敷の前で立ち止まる。

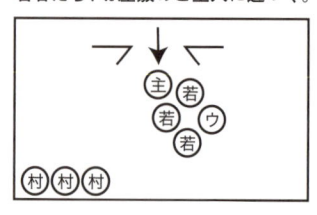

お屋敷のご主人、お屋敷の書き割りの扉から登場。
若者たち、お屋敷のご主人に近づく。

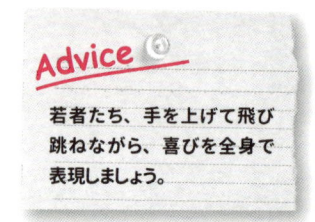

Advice

若者たち、手を上げて飛び跳ねながら、喜びを全身で表現しましょう。

お屋敷のご主人、ウマを引いて上手に下がる。

♪歌 **（全員）**	**TRACK 78-79　わらしべ長者**　📖楽譜P.141 かんのんさまから　おつげが　あった さいしょに　そのてに　ふれたもの かならず　うんを　さずけるよ いつか　ちょうじゃに　きっと　なれるよね わらしべ　しべしべ　わらしべちょうじゃ

全員が再登場し、舞台中央でバラバラに立って歌う。

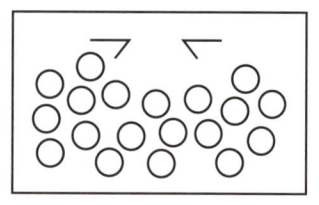

村人たち、歌い終わったら、舞台左手前に戻る。

村人①	若者たちは、わらしべ1本から、大きなお屋敷を手に入れて、本当に「わらしべ長者」になれましたね。
村人②	よかった、よかった！
村人③	これで「わらしべ長者」のお話は、おしまい。

わらしべ長者

作詞／作曲：井上明美

TR.78：歌入り
TR.79：カラオケ

TR.82 あぶが飛ぶ音

TR.83 元気のない音

TR.84 元気になる音

🔴 CD トラック表

※＜効＞＝効果音

題名	tr.	タイトル
オズの魔法使い	1	＜歌＞ オズの魔法使い
	2	＜歌＞ オズの魔法使い（カラオケ）
	3	＜効＞ 竜巻が近づく音
	4	＜効＞ 竜巻の音
	5	＜効＞ 竜巻が家を吹き飛ばす音
	6	＜効＞ ドロシーの家が地面に落ちる音
	7	＜効＞ 北の魔女が現れる音
	8	＜効＞ ブリキの木こりたちが現れる音
	9	＜効＞ ライオンたちが現れる音
	10	＜効＞ 西の魔女が現れる音
	11	＜効＞ 衝撃の音
長靴をはいたネコ	12	＜歌＞ 長靴をはいたネコ
	13	＜歌＞ 長靴をはいたネコ（カラオケ）
	14	＜効＞ がっかりする音
	15	＜効＞ ウサギたちが逃げる音
	16	＜効＞ 衝撃の音
	17	＜効＞ 驚きの音
	18	＜効＞ 魔法をかける音
アリババと40人の盗賊	19	＜歌＞ 盗賊の歌
	20	＜歌＞ 盗賊の歌（カラオケ）
	21	＜効＞ 盗賊たちが現れる音
	22	＜効＞ 岩が開く音
	23	＜効＞ 驚きの音
	24	＜効＞ 衝撃の音
	25	＜効＞ 盗賊たちがカシムを追いかける音
北風と太陽	26	＜歌＞ 北風と太陽
	27	＜歌＞ 北風と太陽（カラオケ）
	28	＜効＞ 北風が吹く音
	29	＜効＞ 南風が吹く音
	30	＜効＞ 雲たちが吹き飛ばされる音
	31	＜効＞ 喜びの音
	32	＜効＞ 太陽が照りつける音
	33	＜効＞ 旅人たちがコートを脱ぐ音
こぶとりじいさん	34	＜歌＞ 鬼の踊り
	35	＜歌＞ 鬼の踊り（カラオケ）
	36	＜効＞ キツネたちが喜ぶ音
	37	＜効＞ 鬼たちが現れる音
	38	＜効＞ 怖がる音
	39	＜効＞ ニワトリが鳴く音
	40	＜効＞ こぶをもぎ取る音
	41	＜効＞ こぶをくっつける音

題名	tr.	タイトル
小人と靴屋さん	42	＜歌＞ 小人の歌
	43	＜歌＞ 小人の歌（カラオケ）
	44	＜歌＞ 靴をつくろう
	45	＜歌＞ 靴をつくろう（カラオケ）
	46	＜効＞ 小人たちが現れる音
	47	＜効＞ 驚きの音
	48	＜効＞ 喜びの音
ウサギとカメ	49	＜歌＞ 兎と亀
	50	＜歌＞ 兎と亀（カラオケ）
	51	＜効＞ カメたちがやって来る音
	52	＜効＞ ウサギたちがやって来る音
	53	＜効＞ カメたちがショックを受ける音
	54	＜効＞ 競争する音楽
	55	＜効＞ 喜びの音
	56	＜効＞ 衝撃の音
金のがちょう	57	＜歌＞ 金のがちょう
	58	＜歌＞ 金のがちょう（カラオケ）
	59	＜歌＞ おかしな行列
	60	＜歌＞ おかしな行列（カラオケ）
	61	＜効＞ 木を切る音
	62	＜効＞ 驚きの音
	63	＜効＞ 手がくっつく音
	64	＜効＞ 手が離れる音
よくばり子ガラス	65	＜歌＞ よくばり子ガラス
	66	＜歌＞ よくばり子ガラス（カラオケ）
	67	＜効＞ お腹がすいた音
	68	＜効＞ ひらめきの音
	69	＜効＞ ハト小屋に忍び込む音
	70	＜効＞ 衝撃の音
	71	＜効＞ 子ガラスたちが逃げる音
旅人とライオン	72	＜歌＞ 旅人とライオン
	73	＜歌＞ 旅人とライオン（カラオケ）
	74	＜効＞ ライオンがほえる音
	75	＜効＞ 怪しげな音
	76	＜効＞ 悩む音
	77	＜効＞ 衝撃の音
わらしべ長者	78	＜歌＞ わらしべ長者
	79	＜歌＞ わらしべ長者（カラオケ）
	80	＜効＞ 観音様が立ち上がる音
	81	＜効＞ 石につまずく音
	82	＜効＞ あぶが飛ぶ音
	83	＜効＞ 元気のない音
	84	＜効＞ 元気になる音

●編著者

井上 明美（いのうえ あけみ）

国立音楽大学教育音楽学科幼児教育専攻卒業。卒業後は、㈱ベネッセコーポレーション勤務。在籍中は、しまじろうのキャラクターでおなじみの『こどもちゃれんじ』の編集に創刊時より携わり、音楽コーナーを確立する。退職後は、音楽プロデューサー・編集者として、音楽ビデオ、ＣＤ、ＣＤジャケット、書籍、月刊誌、教材など、さまざまな媒体の企画制作、編集に携わる。２０００年に制作会社 アディインターナショナルを設立。主な業務は、教育・音楽・英語系の企画編集。同社代表取締役。http://www.ady.co.jp
同時に、アディミュージックスクールを主宰する。http://www.ady.co.jp/music-school
著書に、『みんなよろこぶ！人気劇あそび特選集』、『子どもがときめく人気曲＆どうようでリトミック』（ともに自由現代社）、『親子で！おうちで！さくっとできる！ 超★簡単 リズムあそび』（ヤマハミュージックメディア）他、多数。

●情報提供

学校法人 東京吉田学園 久留米神明幼稚園／小林由利子　齊藤和美　山縣洋子

●編集協力

アディインターナショナル／大門久美子　新田 操

●イラスト作成

鈴木清安

● CD 制作

ピアノアレンジ・ピアノ演奏／井上明美

歌唱／伊藤蒼真　水谷晃子

録音スタジオ／株式会社ＮＳＳ

サウンドアレンジ／岩波謙一　岩波 琴

サウンドプロデュース／岩波謙一

CD 付きですぐ使える　**みんなナットク！傑作劇あそび特選集** ──────── 定価（本体 2000 円＋税）

編著者	井上明美（いのうえあけみ）
表紙デザイン	オングラフィクス
発行日	2019年9月30日　第1刷発行 2024年8月30日　第7刷発行
編集人	真崎利夫
発行人	竹村欣治
発売元	株式会社自由現代社
	〒171-0033　東京都豊島区高田 3-10-10-5F TEL03-5291-6221／FAX03-5291-2886 振替口座 00110-5-45925
ホームページ	http://www.j-gendai.co.jp

皆様へのお願い

楽譜や歌詞・音楽書などの出版物を権利者に無断で複製（コピー）することは、著作権の侵害（私的利用など特別な場合を除く）にあたり、著作権法により罰せられます。また、出版物からの不法なコピーが行なわれますと、出版社は正常な出版活動が困難となり、ついには皆様方が必要とされるものも出版できなくなります。音楽出版社と日本音楽著作権協会（JASRAC）は、著作権の権利を守り、なおいっそう優れた作品の出版普及に全力をあげて努力してまいります。どうか不法コピーの防止に、皆様方のご協力をお願い申し上げます。

株式会社　自由現代社

ISBN978-4-7982-2343-8

●本書で使用した楽曲は、内容・主旨に合わせたアレンジによって、原曲と異なる又は省略されている箇所がある場合がございます。予めご了承ください。
●無断転載、複製は固くお断りします。●万一、乱丁・落丁の際はお取り替え致します。